Bernd Mellenthin
Weiter, weiter ... weiter!

Amüsante Orgelbauer-Geschichten

Bernd Mellenthin

Weiter, Weiter ... Weiter!

Amüsante Orgelbauer-Geschichten

Re Di Roma-Verlag

Bibliografische Information der Deutschen Nationalbibliothek:
Die Deutsche Nationalbibliothek verzeichnet diese Publikation in der Deutschen Nationalbibliografie; detaillierte bibliografische Daten sind im Internet über http://dnb.ddb.de abrufbar.

ISBN 978-3-940450-92-0

Titelbild: Orgel in der katholischen St. Lambertus Kirche zu Ostercappeln

Illustration: Bernd Mellenthin

www.rediroma-verlag.de
19,50 Euro

Inhalt

Orgelbau ist doch etwas Schönes ... 7

Die Königin der Instrumente ... 9

Weiter, weiter … weiter! ... 16

Höher, höher! ... 21

Das benebelte Humpelbein ... 24

Halt, halt - genug! ... 26

Zweimal abgeschnitten - und immer noch zu kurz. ... 29

Die Gesellenprüfung ... 32

Der „Herr“ Mai ist gekommen! ... 37

Ein bisschen aus der Musik ... 39

Wir machen Tanzmusik ... 48

Die Kulturbanausen ... 51

Die Orgelpfeifen ... 53

Wir „betonen“ unsere Orgel ... 62

Außer Spesen nichts gewesen ... 64

Das Traumkonzert ... 69

Die „verstimmte“ Haarpracht ... 72

Das Beichtgeheimnis ... 75

Freddys Orgel? ... 77

Eine widerspenstige Holzpfeife ... 80

In der Kürze liegt die Würze 83
Eine Langschlafübung? 85
Die „verrückte“ Kirchturmuhr 86
Juist 89
„Bauer“ hilft „Bauer“ 93
Gelb-Weiß, Grün-Weiß, Braun-Weiß 96
Lustige Streiche 101
Arme, kleine Kirchenmaus 115
Verflixte Technik 120
Falsche Töne 122
Ein „schwebendes“ Verfahren 123
Wer anderen eine Grube gräbt ... 126
Echt oder Ente? 130
Ein kleiner Erlebnisbericht aus meinen Erinnerungen - 135
von Harry Kolbeckel. 135
Das neue Zeitalter 143
Die Reise nach Korea 145
Arbeitszeitverkürzung 1993 157
Ein Wort zum Schluss 163
Der Autor: 167

Orgelbau ist doch etwas Schönes

„Orgelbau ist doch etwas Schönes“ - dieser Spruch machte unter uns Orgelbauern oft und aus den unterschiedlichsten Anlässen die Runde - vor allem bei Orgeleinweihungen, wenn das fertiggestellte Werk zum ersten Mal der Gemeinde präsentiert wurde und das schöne Bild der Orgel und ihr herrlicher Klang helle Freude auslösten. Auch auf dem oft langen und arbeitsreichen Weg bis hin zum Ziel gab es häufig Gelegenheit, diese Erkenntnis mit voller Berechtigung auszusprechen, in mancher Situation auch als Trost mit einem Schuss Ironie.

In der Tat ist der Orgelbau ein sehr schöner Beruf mit einer jahrhundertealten Tradition und großer Vielfältigkeit. Er verlangt nicht nur höchstes Wissen über Architektur, Akustik, Musik und Kunstgeschichte, die Orgel ist zudem auch das größte Musikinstrument. Und deshalb nennt man sie auch die „Königin der Instrumente“. Ihr Bau muss von Freude und Begeisterung begleitet werden, denn der lange Weg vom ersten Entwurf am Zeichenbrett bis hin zum Stimmen des letzten Orgeltones erfordert viel Mühe und Ausdauer und oft auch manche Entbehrung, wenn fernab von der Heimat in wochenlanger Arbeit das in der Werkstatt erstellte Werk in der Kirche vollendet wird.

Dass das Erlebte, vor allem die positiven und lustigen Geschichten, immer wieder gerne erzählt wird, zeigt sich bei den jährlich stattfindenden Rentnertreffen der ehemaligen Firma Führer. Ausgiebig wird hier von den sogenannten guten alten Zeiten berichtet, Gespräche, die meistens mit „Weißt du noch damals ...?“ beginnen.

Unser Freund Bernd, der in den 33 Jahren Betriebszugehörigkeit alle Höhen und Tiefen der Firma miterlebte, hat viele dieser unvergesslichen Geschichten aus seinem Gedächtnis hervorgeholt oder von Kollegen erfahren und sie auf diese Weise in diesem Büchlein liebevoll zusammengetragen.

Mögen die Leser dieses Buches ihre Freude daran haben und am
Schluss auch der Meinung sein:

„Orgelbau ist doch etwas Schönes".

Fritz Schild
Orgelbaumeister

Die Königin der Instrumente

Respektvoll, ehrfürchtig und beeindruckt steht man vor der „Königin der Instrumente" - wie hier vor der Orgel in der evangelischen St.-Ansgarii-Kirche zu Bremen-Schwachhausen. Man sieht das reichlich verzierte Orgelgehäuse mit dem Orgelprospekt. In der Brüstung ist das Rückpositiv eingebaut.
Der Laie könnte glauben, dass die Prospektpfeifen die einzigen Pfeifen dieser Orgel sind.

Das umseitige Bild zeigt die viermanualige Orgel. Die Register verteilen sich auf
Hauptwerk (13 Register), Rückpositiv (13 Register), Schwellwerk (12 Register),
Kronpositiv (7 Register) und Pedal (16 Register).

Koppeln

Manualkoppeln	Pedalkoppeln
I –II	I – P
III – II	II – P
IV – II	III – P
IV – III	

Mechanische Spieltraktur
Doppelte Registertraktur: mechanisch / elektrisch
Doppelregistratur mit 128facher Setzerkombination geteilt in je 2 Gruppen zu je 64 Kombinationen.

Tremulant für Rückpositiv und Kronpositiv

Das Gehäuse ist alt und erbaut von Marten de Mare im Jahre1611. Ergänzung der Pedaltürme im Jahre 1736 /37 von Caspary

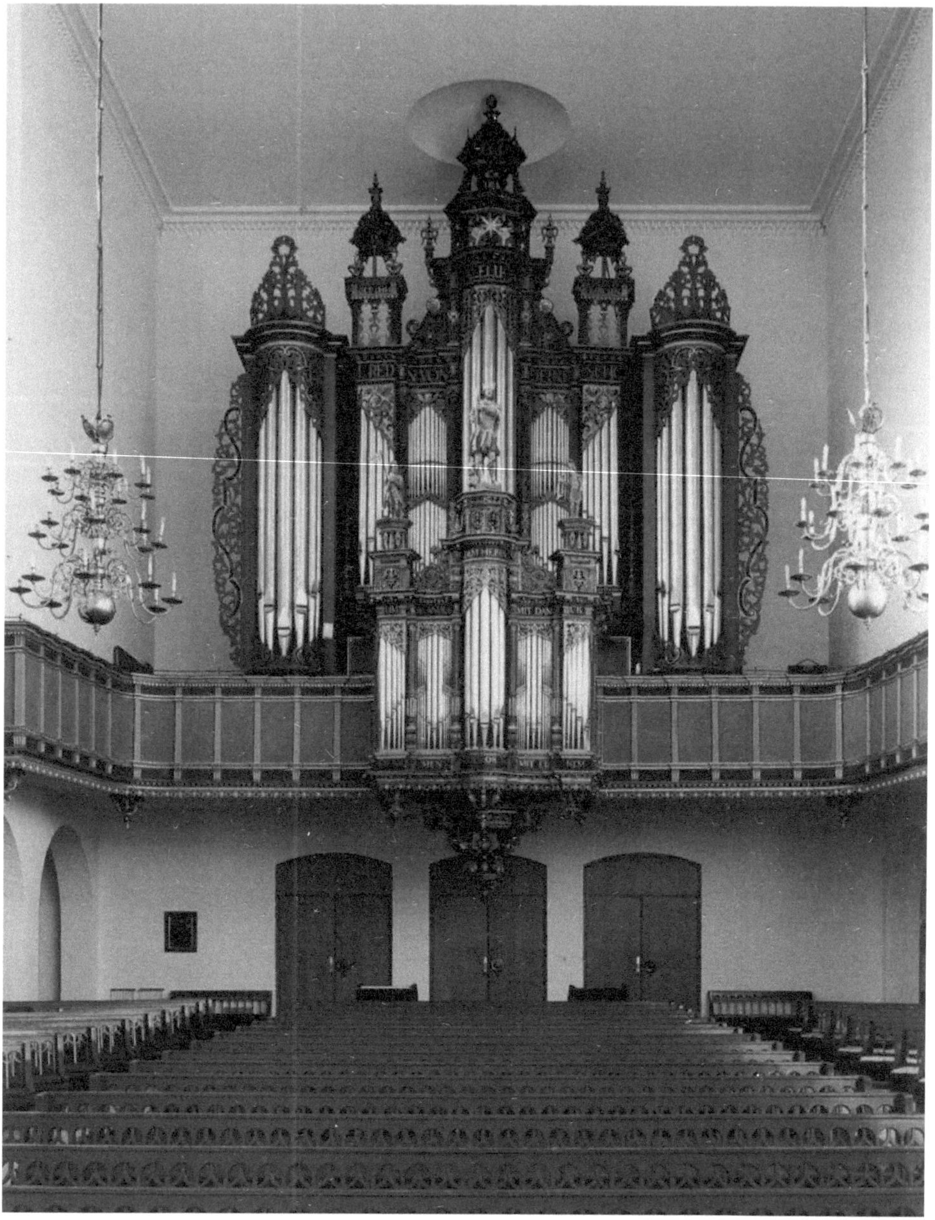

Doch weit gefehlt. Das Instrument hat 61 Register mit ca. 4.400 Pfeifen.

Wir machen zu Veranschaulichung nun einmal einen „gedanklichen Spaziergang“ durch eine mechanische Kirchenorgel, um diesen verständlichen Irrtum aufzuzeigen. Die Bilder verdeutlichen die vielfältige Arbeit an solch einem komplizierten Instrument.

Wir gehen seitlich durch eine kleine Tür in den Orgelstuhl und sehen die Technik: mechanische Trakturen, die vom Spieltisch zu den Windladen führen. Schmale hölzerne Leisten, die über Winkel, Wellen und Wellenbretter geführt werden, stellen die Verbindung von der Taste zu den Ventilen her. Auch die Registermechanik ist zu erkennen. Eiserne stehende Wellen, Hebel, Scheren, Ärmchen und hölzerne eichene Stangen stellen die Verbindungen vom Registerbrett zur Schleife her. Hinter dem Orgelstuhl erkennen wir die Gebläseanlage - die Lunge der Orgel. Das elektrische Gebläse führt Druckluft in den Balg, der den Orgelwind zum Pfeifenwerk bringt. Hölzerne Kanäle transportieren den Orgelwind vom Balg zu den Windladen. Das Gebläse, einschließlich der gesamten Windanlage, kann aber auch separat in einer frei stehenden Balgkammer oder auf dem Dachboden über der Orgel platziert werden. Wir verlassen den Orgelstuhl und steigen über eine hölzerne Leiter auf den mit einem Geländer versehenen Stimmgang und sehen in der höheren Etage das Pfeifenwerk im Orgelgehäuse. Wir erkennen Pfeifen aus Holz und Metall, die der Größe nach von vorne nach hinten aufgestellt sind. Diese stehen auf hölzernen „Kästen“, den Windladen. Hier in den Windladen sind die Tonventile untergebracht. Durch Drücken einer Taste wird über die Traktur das Ventil geöffnet. So kann der Wind bei Öffnung der Registerschleife in die Pfeife strömen.
Nachdem wir uns über den Aufbau der Orgel etwas informiert haben, verlassen wir das Gehäuse und wenden uns dem Spiel-

tisch zu. Von dort aus bedient der Organist, auf der Orgelbank sitzend, das Instrument. Vor ihm sind die Klaviaturen, die Manuale für die Hände und unten die Pedalklaviatur für die Füße, eingebaut. Meistens hat eine Orgel zwei Manuale. Einige haben mehr, aber manche auch nur ein Manual. Die von uns erbaute Totentanz-Orgel in St. Marien zu Lübeck hat vier Manuale. Der Tastenumfang des Manuals beträgt 4 ½ bis 5 Oktaven, C bis g^3; das Pedal hat einen Tonumfang von 2 bis 2 ½ Oktaven, C bis f^1. Weiter sehen wir am Spieltisch, rechts und links der Manuale, die Registerzüge. Sie werden zum An- und Abstellen der Register benötigt. Wir erinnern uns an das Pfeifenwerk oben im Gehäuse. Eine Pfeife ergibt einen Ton, eine Pfeifenreihe, gemäß dem Tonumfang der Manuale, 56 Töne. Diese Pfeifenreihe nennt man Register. Eine Orgel besitzt mehrere Register. Mit Register bezeichnet man eine Pfeifenreihe von gleicher Bauart, die auch die gleiche Klangfarbe abgibt. Jedes einzelne Register hat seinen eigenständigen Charakter. Durch diesen unterschiedlichen Klang erhält die Orgel eine „farbenreiche" Tonfülle. Man kann sich das auch so vorstellen, dass die Prinzipale und Oktaven die Charakterstimmen sind: „Wir sind hier die Herren." Dazu gehören auch die Prospektpfeifen, die – majestätisch wirkend – in der Gehäusevorderfront eingebaut sind. Die Stimmen, die im Mittelfeld der Orgel in Flöten und Gedackte aufgebaut sind, klingen eher lieblich und weiblich, die Mixturenregister wie schreiende Kinder.

Es gehören zu jeder Klaviatur (Manuale) sowie auch zum Pedal verschiedene verteilte Register, sodass jede Klaviatur ein eigenes Orgelwerk darstellt (Hauptwerk, Brustwerk und Pedal oder Hauptwerk, Schwellwerk, Brustwerk und Pedal).

Der Tonumfang einer Orgel beträgt bis zu 10 Oktaven, obwohl eine Manualklaviatur nur 4 ½ bis 5 Oktaven umfasst. Dies

kommt zustande, weil die Register in verschiedenen Tonhöhen erklingen.
Die Pedaltöne klingen zum Teil tiefer als die Manualregister, obwohl die Tasten notenmäßig den untersten Manualtasten entsprechen. So ist der tiefste Ton des Pedals und auch des Manuals das große C.
Die Größe einer Orgel schwankt von einem einregistrigen Portativ zu einer transportablen Kleinorgel mit nur 3 Registern -8´ +4` +2` und 162 Pfeifen bis hin zur größten Kirchenorgel der Welt im Passauer Dom mit 208 Registern und ca. 18.000 Pfeifen.
Orgelbau ist schon ein schwieriger Beruf. Dieser kurz umrissene „gedankliche Spaziergang" durch die Orgel lässt erkennen, welches handwerkliche und musikalische Können vom Orgelbauer gefordert wird. Er muss seinen Beruf als Tischler, Metall- und Lederfachmann und sogar als Elektriker beherrschen. Hinzu kommen noch die künstlerischen Anforderungen - „Wie schafft man die beste Klangentfaltung?" -, dazu die Mensurierung der Pfeifen, die Zusammenstellung der Disposition und zu allerletzt die Intonation. Zu den akustischen Bedingungen muss der Orgelbauer auch noch die statischen Gesetze mit einbeziehen. Ihm wird sehr viel abverlangt. Neben dem Handwerker ist er also zugleich noch Ingenieur, Architekt und Künstler.

„Orgelbau ist etwas Schönes", schreibt mein ehemaliger Chef - von den Entbehrungen auf den Montagen allerdings abgesehen. Dass bei der anstrengenden, manchmal auch sehr schweren körperlichen Arbeit der Spaß nicht zu kurz kam, dies erzählen nun die kurzen lustigen Geschichten.

Jetzt lassen wir die Orgel jauchzen und jubilieren.

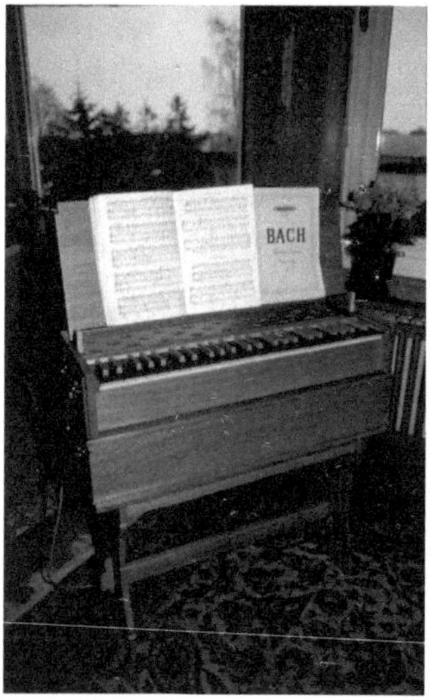

Portativ

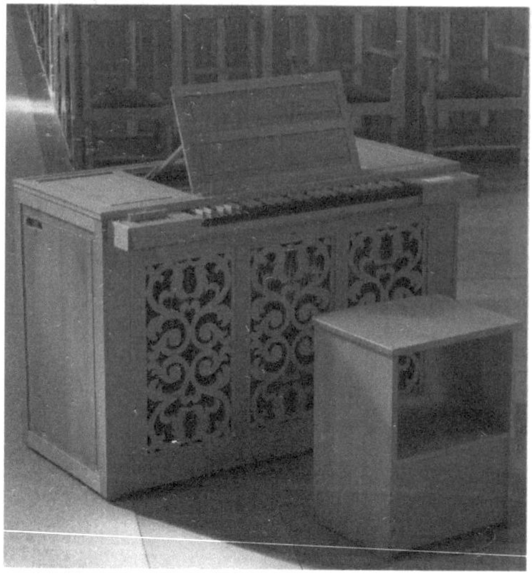

Transportable Kleinorgel

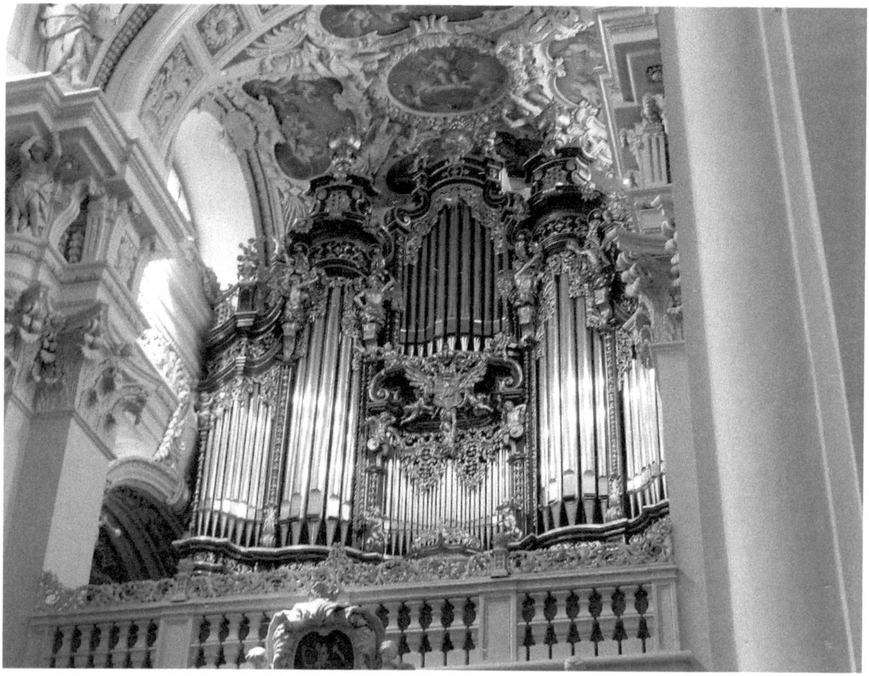

Domorgel Passau

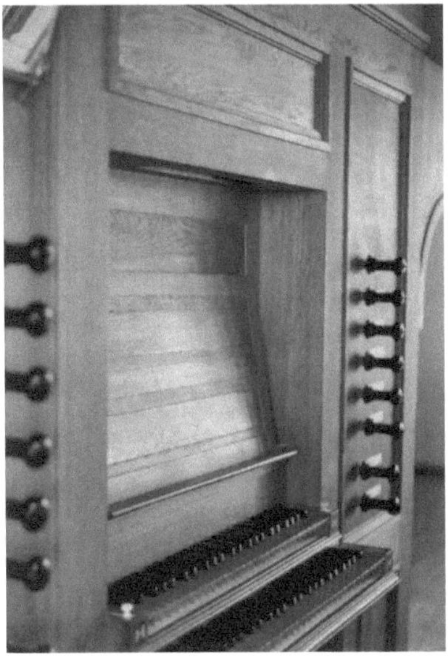

Zweimanualiger Spieltisch

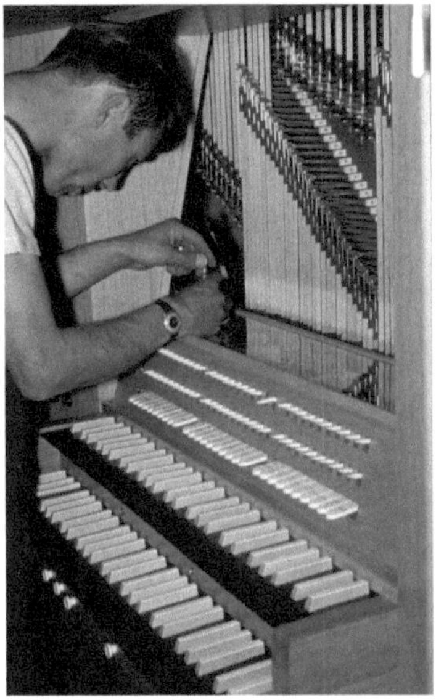

Zweimanualiger Spieltisch mit mechanischer Spieltraktur und elektrischer Registertraktur

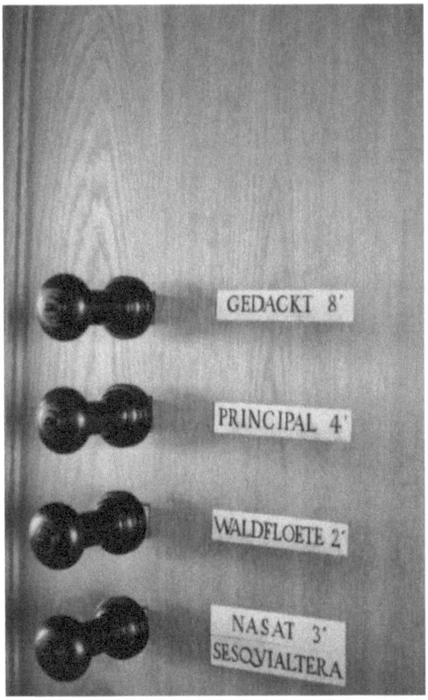

Registerbrett

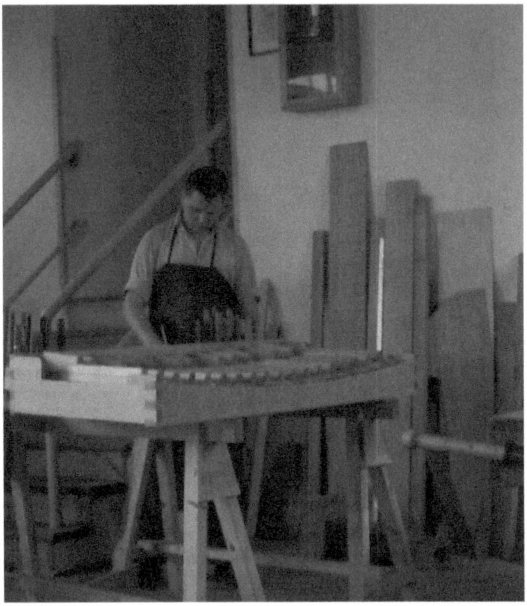

Pedalklaviatur

Weiter, weiter ... weiter!

Eine schmerzlich aufheulende Königin der Instrumente holte mich in die Wirklichkeit zurück. Verschwommen sah ich, dass Fritz neben mir stand und sich mit einem erschrockenen Gesicht nach meinem Befinden erkundigte: „Was ist, geht es dir nicht gut?" Mir ging es gut, auch wenn ich bei der Arbeit eingeschlafen war. Diese „Piepserei" ist mir wohl auf den Geist gegangen und mein streikender Körper hatte mir zu diesem Kurzschlaf verholfen.

Frühmorgens waren wir in Wilhelmshaven gestartet. Wir fuhren mit Fritz' blauem VW nach Tossens. Bleifuß war angesagt, denn es ging ihm, wie immer, nicht schnell genug. Ich hatte noch keinen Führerschein und fand seinen Fahrstil sehr belustigend. Was sollte denn auch viel passieren? Die Höchstgeschwindigkeit der Autos zur damaligen Zeit betrug gerade so um die 100 Stundenkilometer. Wenn wir einen Lkw überholen wollten, wurde in den 3. Gang zurückgeschaltet und zusätzlich von uns mit einer ruckartigen Vorwärtsbewegung versucht, den Wagen noch schneller zu fahren. Es ist immer gut gegangen, auch wenn es manchmal ganz knapp war. Wir befuhren die alte Bundesstraße 69 in Richtung Varel. Die Straße ab Diekmannshausen war nicht in bestem Zustand, aber das durchgetretene Pedal wurde beibehalten. Bei Schlaglöchern konnte nicht ausgewichen werden, dadurch wurden wir ganz schön durchgerüttelt. Schade, dass Fritz kein Kanute ist, so hätten wir per Kajak zur anderen Seite des Jadebusens hinüberpaddeln können, denn Tossens liegt direkt am Jadebusen gegenüber Wilhelmshaven auf der Halbinsel Butjadingen.
Unterhalb des Deiches war die Straße auch nicht viel besser. Vollkommen durchgerüttelt erreichten wir die St.-Bartholomäus-Kirche. Diese Kirche ist eine Wurtenkirche aus

dem 14. Jahrhundert und besitzt außer der alten Orgel auch noch einen Altar aus der Werkstatt Ludwig Münstermann.

Sogenannte Restarbeiten waren an der Orgel durchzuführen. Ich kannte das Instrument schon, denn bei meinem Einstellungsgespräch, Ende März 1963, stand das Instrument in der Halle (auch Schuppen 17 genannt) fast fertig technisch aufgebaut. Ich muss zugeben, dass ich mich zuvor noch nie für eine Orgel interessiert hatte und ich war damals sehr angetan bei der Besichtigung der Orgelbau-Werkstatt mit dem tollen Instrument und den filigranen Arbeiten. Ich hatte meine Tischlerlehre (1957 bis 1960) bei der Bau- und Möbeltischlerei Gebr. Dieringa beendet und wollte nach einer gut zweijährigen Gesellenzeit unbedingt etwas anderes machen. Mein Vater kam mir dabei zu Hilfe. Er war im Kirchenvorstand der evangelisch-lutherischen Christuskirche zu Wilhelmshaven, in der ich auch konfirmiert worden bin, und kannte daher den Orgelbaumeister Alfred Führer. Genau genommen kannte ich Alfred Führer schon, nur wusste ich damals nicht, dass er selbständig war und Kirchenorgeln baute.
Meine Eltern leiteten in Altjührden - Plaggenkrug bei Varel - ein Kindererholungsheim (1946 bis 1956), das von der Stadt Wilhelmshaven für Berliner und Wilhelmshavener Kinder betrieben wurde. Hier war auch eine Kindergärtnerin, eine Cousine von Alfred Führer, angestellt. Da er sie besuchte, lernte ich ihn kennen und kam so auch in den Genuss einer Autofahrt. Wer hatte damals schon ein Auto? Auch erinnere ich mich, dass Alfred Führer bei uns die hausgemachte Leberwurst sehr gerne aß. Kein Wunder, alle Jahre wieder, fand die Hausschlachtung statt.
Zu meiner Berufschulzeit (Tischlerlehre) lernte ich auch einige Auszubildende der Firma Orgelbau Führer kennen. Mit mir

haben gelernt: Siegfried und Hartmut, ein Lehrjahr zuvor Gerhard, Paul und Herbert. Dadurch war eigentlich schon eine gewisse Verbindung vorhanden. Nur Kirchenorgeln interessierten mich nicht, ich wusste überhaupt nichts darüber. Die Führer-Lehrjungs waren mir um einiges voraus. Zum Beispiel kannten sie mehr Zinkungsarten und waren auch in der Lage, Furnier mit dem Handhobel zu glätten oder besser gesagt zu putzen.

Das Vorstellungsgespräch fand an einem Sonnabend statt. Zuerst erfolgte die Besichtigung des Betriebes. Alfred Führer zeigte mir alle Werkstattabteilungen. Ein bisschen Herzklopfen hatte ich schon. Mir fiel gleich auf, dass der Ton zu seinen Mitarbeitern sehr herzlich war, das beruhigte mich.

„Bist du in der Kirche?“, so Alfred Führer. „Ja“, antwortete ich. „Dann kannst du bei mir anfangen!“

Am 16. April 1963 hatte ich meinen ersten Arbeitstag. Mit Rückschlagklappen für Schwimmerbälge, aus Packpapier und Ziegenleder, begann meine neue handwerkliche Zukunft. Orgelbauer Buß nahm mich unter seine Fittiche. Alles war neu und fremd. Aber nach und nach legten sich meine Unsicherheiten. Mein tischlerisches Können, wenn auch nur erlernt in einem kleinen Betrieb, brachte mir die nötige Sicherheit zurück. Ich merkte schnell, wo meine Grenzen waren, aber ich war gewillt dazuzulernen. „Mit den Augen stehlen!“, so mein alter Lehrherr, dieser Rat kam mir zu Hilfe. Alles andere brachten mir meine neuen Arbeitskollegen bei. Mein Musizieren auf dem Akkordeon war ein Vorteil für mich. Ich kannte Noten, und die richtigen Töne, in C- und Cis-Seite aufgeteilt, lernte ich im Schlaf.

„Bernd, C-Seite, welche Töne?“, so mein Chef, Meister Führer. „C, D, E, Fis, Gis, B“, so ich. „Gut, und Cis-Seite?“ „Cis, Dis, F, G, A, H“, antwortete ich dann. Na ja, die Tonleiter und dazu

Terz, Quarte und die Quinte konnten mich auch nicht erschüttern. „Wie war das noch?“ Im richtigen Moment die richtige Taste treffen. So einfach ist Musizieren.

Einmal um die Kirche gerannt, zehn Kniebeugen und drei Liegestütze, ich war wieder hellwach. Es konnte weitergehen: Fritz wieder in die Orgel zum Stimmen der Hauptwerksmixtur, ich wieder auf die harte hölzerne Orgelbank. Es dauerte gar nicht lange und mein Mors zwickte schon wieder. Auch wenn ich bei Fritz's Ruf: „Weiter!“ nur die nächst-höhere Taste drücken musste, war eine gewisse Schwere und Müdigkeit festzustellen. Körperliche Arbeit kann man das nicht nennen, aber der lange Tag hatte mich ganz schön geschlaucht. Ein Hin- und Herrutschen auf der Bank brachte auch keine Linderung. Kein Kissen weit und breit. Mit meinen Gedanken war ich schon wieder woanders. „Bernd, bleib wach“, sprach ich zu mir selbst, „so ein Kurzschlaf darf sich nicht wiederholen!“ Ich glaube, mein Mitstreiter war sicherlich auch kaputt, aber die Orgel sollte unbedingt fertig werden.

„Weiter, weiter, weiter!“. *Ein wütendes Schlagen mit einem schweren Gegenstand ans Gehäuse schreckte mich auf. War ich womöglich schon wieder eingeschlafen?*

„Scheiß 4-fache Mixtur!“ „Warum dauert es denn so lange, bis eine Tonreihe durchgestimmt ist?“ Nicht einmal ein passendes Stück Werkzeug lag in meiner Nähe, das ich zwischen Vorsatzbrett und Taste hätte klemmen können. Dann hätte ich zwischenzeitlich ein paar körperliche Übungen machen können, um hellwach zu bleiben. Alles und alle waren gegen mich.

„Schlaf nicht ein! Weiter!“

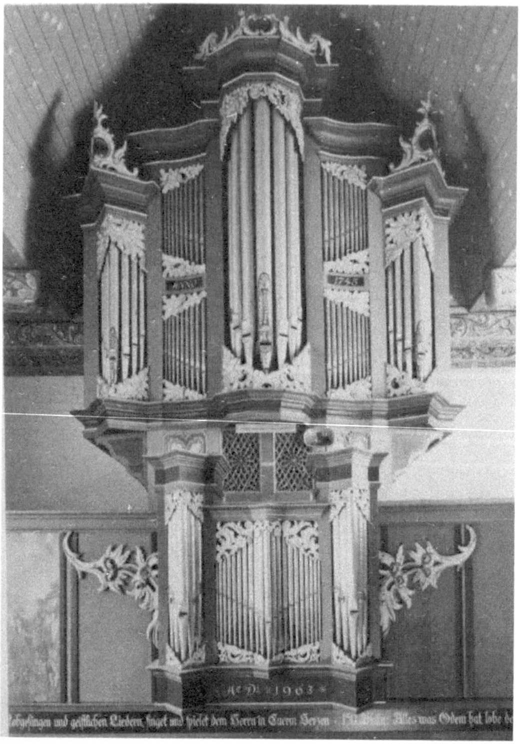

Orgel in der evangelisch-lutherischen Kirche
zu Tossens

Hauptwerk, Rückpositiv und Pedal

Höher, höher!

Die Möbelspedition aus Wilhelmshaven war mit unserer Orgel wieder eher vor Ort als wir.
Wir sind fast zeitgleich gestartet, nur: Wir sind per Pkw angereist. Sollten wir uns irgendwo verfahren haben? Eine Autobahn dorthin gab es noch nicht. Darum mussten wir über Landstraßen und durch Ortschaften.
„Findet ihr das fair, so spät hier anzukommen? Wir haben die meisten Orgelteile schon in die Kirche gebracht!“, so wurden wir mit ernster Miene durch die beiden Möbelwagen-Fahrer begrüßt. „Nun haut nicht so auf den Putz,“ konterten wir, „ihr habt ja nur die Lkw-Türen aufgemacht und unser Werkzeug im Eingangsbereich der Kirche deponiert!“
Schade, wir hätten noch später kommen sollen. Ob sie vielleicht die gesamte Orgel ausgeladen hätten? Ein Versuch wäre es allemal wert gewesen. Aber was nicht ist, kann ja noch werden.

Die gute alte Zeit - man denkt dabei zuerst an Arp Schnitger (1648 bis 1719). Zu dieser Zeit wurden die Orgeln noch mit Pferd und Wagen transportiert. Wie lange waren die Orgelbauer wohl unterwegs? Und wie war es mit unserem Lehrherrn Meister Führer? In der Festschrift „50 Jahre Orgelbau Führer“ aus dem Jahre 1983 steht, wie schwer es nach dem Zweiten Weltkrieg gewesen sei. Es hätten nur wenige ein Auto gehabt.
Noch heute wissen die ältesten Mitarbeiter der Firma von jener Zeit zu berichten, als sie zu zweit mit einem Fahrrad unterwegs waren. Einer fuhr voraus, stellte das Fahrrad in Sichtweite ab und marschierte weiter, während der andere Mitarbeiter zum Fahrrad lief, um die Prozedur zu wiederholen. Sehr beliebt waren damals die Orgelreparaturen auf dem Lande, wo nicht nur die Möglichkeit bestand, sich wieder einmal richtig satt zu es-

sen, sondern darüber hinaus am Wochenende Frühstücks- und Vesperbrot ausgehungerten Familienmitgliedern zukommen zu lassen.
Aus fachlicher Sicht stellte der Mangel an Material das größte Problem dar. Allzu oft konnte eine Arbeit nicht zu Ende geführt werden, weil geeignete Materialien nicht zu beschaffen waren, auch nicht für Wurst und Speck. Wenn eine Gemeinde eine Schafhaut für die Balgreparatur zur Verfügung stellen konnte, fehlte oft der Gerber.
Was haben wir es doch jetzt gut - 22 Jahre später. Mit den Materialien haben wir überhaupt keine Probleme mehr.

Schnell war die Orgel ausgeladen. Der Pastor hatte alle verfügbaren Kräfte herbeigeholt. Mit vereinten Kräften waren alle Teile schnell in der Kirche. Um Unterkunft und unser leibliches Wohl brauchten wir uns auch nicht zu kümmern. Das benachbarte Bodelschwingh-Heim war für die kommenden Tage unser Zuhause.
So nach und nach schafften wir unsere benötigten Orgel- und Gehäuseteile auf die Empore.
Nach Durchsicht unserer Unterlagen und Zeichnungen musste die Orgel auf der obersten Emporenstufe aufgebaut werden. Sieger und ich hatten den unteren Orgelstuhl aufgebaut, und wir wollten nun die Pedaltürme aufstellen. Zuerst die Pedalseitenwände. Sieger stand auf der Pedalwindlade und hielt die ca. 3 m lange Wand aufrecht. Ich sollte sie hochheben und über meinem Kopf in eine Vorrichtung einsetzen.
„Los, höher", rief Sieger, „hast du keine Kraft? Noch gut 15 cm höher!" Ich spannte alle Muskeln, vergaß fast das Atmen, und mit äußerster Kraft versuchte ich, das Teil in die Aussparung zu drücken. Nichts - meine Kräfte reichten nicht aus. „Lass

man sein," so Sieger, „wir tauschen die Rollen." Nun stand ich auf der Windlade und balancierte die lange Wand.
„Höher, Sieger, nicht nur dicke Backen!", rief ich ihm zu, „es fehlt noch gut eine Tritthöhe." Mein Blick nach oben verhieß nichts Gutes. Die Wand stieß an die Dachbalken. „Was ist denn nun los? Wer hat hier gemessen? Das kann doch nicht wahr sein!", dachte ich.
Nach der telefonischen Rücksprache mit der Firmenleitung hieß es ganz klar, dass die Orgel auf der obersten vierten Stufe stehen muss! Wir sahen uns verdutzt an. Sind wir vielleicht in der falschen Kirche? Wir haben hier fünf Stufen statt vier!
„Handeln nach eigenem Ermessen!", so die Aussage unseres obersten Chefs. Zum Glück passte der Hauptwerksmittelturm in den Kirchenraum. Auch der Freiraum zwischen Orgel und Kirchendecke hatte den nötigen Abstand. Nur gut, dass wir beide von der Pike auf unseren Beruf erlernt haben. Hier war Handarbeit angesagt.
Wir haben die Pedaltürme, links und rechts, einfach 15 cm tiefer gesetzt. Auch wenn es einfach klingt, so leicht war es doch nicht. Bis tief in die Nacht haben wir gearbeitet. Knietief standen wir in Hobelspänen. Es sollte keiner sehen, was hier vermurkst worden war.
In der Ansicht des Instrumentes hat sich der Verlauf der Prospektfelder grundlegend geändert. Vorher war es eine Linie, jetzt stufenartig rechts und links abgesetzt. Bei Abnahme des fertigen Instrumentes ist das nicht aufgefallen. Vermutlich sah die Orgel jetzt noch schöner aus.
Als „Dankeschön" wurde dann auch noch Siegers Montagegeld gestohlen, und das ausgerechnet an meinem Geburtstag, den ich durch die ganze Aufregung vollkommen vergessen hatte. Der Pastor gratulierte. Er hatte eine Glückwunschkarte meiner Mutter in der Hand.

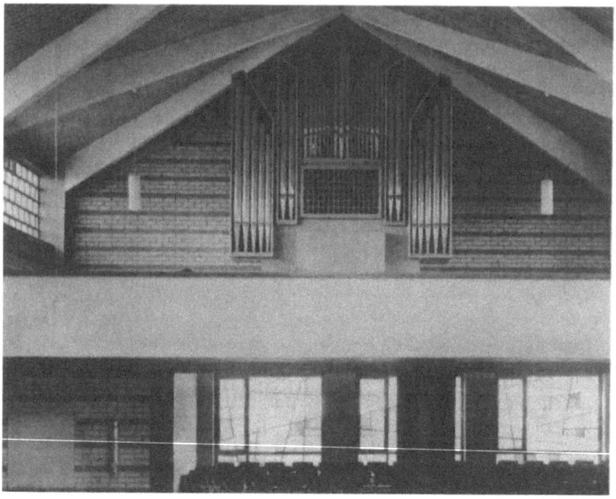

Und die Moral von der Geschichte: Man wird alt wie eine Kuh und lernt immer noch dazu. Trotzdem gilt: „Maße sind am Bau zu nehmen!“

Das benebelte Humpelbein

In der Firma wurden die Büroräume umgestaltet. Die Tischlerarbeiten haben wir selber ausgeführt. Ich musste bei den Zimmertüren im unteren Bereich Besenschienen einfräsen und einbauen. Diese Besen verhindern Zugluft. Alle Türen waren verschieden breit. Ich musste aufpassen, dass ich die Messingschienen, in denen die Besen eingesetzt waren, den richtigen Türen zuordnete und sie passend auf Länge abschneide. Kaum hatte ich dies gedacht und ausgesprochen, war auch schon die falsche Schiene gegriffen und prompt das Malheur passiert: Sie war zu kurz! Was nun? Der Respekt vor meinen Vorgesetzten war groß, und irgendwie musste ich verheimlichen, was mir passiert war.
Wir haben eine Pfeifenwerkstatt, und die Pfeifenbauer müssen auch Messing löten können. Ich griff mir die beiden Teile, pack-

te sie in einen Karton und machte mich auf den Weg. Ich hatte ein schlechtes Gewissen. Meinen Murks brauchte ja nun wirklich nicht auch noch jeder sehen. „Es ist eine reine Pilsfrage“, so die Pfeifenmacher, „das bekommen wir wieder hin.“
Ich versprach, einen auszugeben. Nun stand der Reparatur nichts mehr im Wege. Zwischenzeitlich ging ich noch in den Nebenraum, um den Pfeifenzuschneidern einen guten Tag zu wünschen. Eine große bauchige Flasche, in einem Korbgeflecht eingesetzt, weckte mein Interesse. Zusätzlich lag sie geschützt in einem mit Holzwolle ausgefüllten Holzkasten. „Muss wohl etwas Besonderes sein“, dachte ich. Meine Neugier wurde stärker. Mir wurde erlaubt, die Flasche zu öffnen und daran zu riechen. Ich roch aber nichts. „Wird wohl Wasser sein“, so schloss ich. „Du musst mit deiner Nase dichter an den Flaschenhals heran und tief einatmen“, so der Werkstattboss. Gesagt, getan. Auf einmal wurde mir schwarz vor Augen, alles drehte sich, ich musste mich an der Wand abstützen: Salmiakgeist! „Oh, wartet, das zahle ich euch heim!“, schoss es mir durch den Kopf. Langsam erholte ich mich und sah in schadenfrohe Gesichter. Mir war nicht zum Lachen zumute, und mit ein bisschen mehr Courage meinerseits hätte ich liebend gerne alle in den Hintern getreten. Noch leicht angeschlagen ging ich wieder in die Löterei. Als ich meine reparierte Schiene sah, ging es mir schlagartig besser. Nach dem Verlassen der Löterei steckte ich sie mir ins rechte Hosenbein. Die Idee war nicht gut. Beim Abwärtsgehen der Treppe konnte ich mein Bein nicht krumm machen. Es war egal, da musste ich durch. Die Luft war rein, ich beeilte mich humpelnd zwei Etagen tiefer zu kommen. In der ersten Etage hatte unser Chef seine Wohnung. An ihr musste ich vorbei. Es war wie verhext. Als ich in Höhe der Chefwohnung war, ging die Tür auf, und mein Chef trat heraus. „Bernd, was hast du mit deinem Bein?“, so die Frage meines Meisters. Ich muss wohl im

Gesicht hochrot angelaufen sein, wie sonst hätte er gemerkt, dass ich etwas zu verbergen hatte. Beim Herausnehmen der Schiene bog er sich vor Lachen. Ich wusste nicht mehr, was ich machen sollte. „Ach Bernd, wer noch nie einen Fehler gemacht hat, hat auch noch nie gearbeitet!", gab er mir zur Antwort. „Komm mit in die gute Stube und erzähle was passiert ist." Ich saß da wie ein Häufchen Elend. Unser Chef hörte sich alles ruhig an. Seine väterliche Fürsorge baute mich schnell wieder auf. „Hast du noch mehr zu verbergen? Irgendetwas anderes ist wohl auch noch passiert?" Fast meinte ich, dass er meine Gedanken lesen konnte. Meine Neugier beim Riechen an der Salmiakflasche wollte ich aber für mich behalten.
Beim Weiterbau in unseren Büroräumen hörten wir aus der höheren Etage auf einmal ein Donnerwetter von unserem Chef. Nun war es doch ans Tageslicht gekommen. Der Salmiakgeruch in meinen Kleidern und in meinem Bart hatte mich verraten.

Halt, halt – genug!

Eine neue Orgel verlässt am frühen Morgen per Möbelspedition unsere Werkstatt. Sieger und ich packen auch unsere Siebensachen, dazu unser Werkzeug, wir bepacken den Firmenwagen und machen uns auf den Weg nach Ihrhove. Aber vorher müssen wir noch nach Cäciliengroden, Siegers Wohnort, um seinen Koffer abzuholen. „Für eine Tasse Tee ist doch wohl noch Zeit?", so die Begrüßung durch Siegers Frau Hanna. Zum Antworten kommen wir nicht. Lautes Gepolter schallt von der Treppe zu uns herunter. Silke, acht Monate alt, stürzt die Treppe hinunter. Die tröstenden Worte der Mutter beruhigen langsam das schreiende und weinende Kind. Bis auf eine große Beule auf der Stirn ist zum Glück nichts passiert.

Wir beginnen damit, die 16-registrige Orgel, aufgeteilt in Hauptwerk, Pedal und Rückpositiv, auf der Empore aufzubauen. Die alte Kirche stellt uns vor einige Probleme. Alles ist krumm und schief. Genaue Anhaltspunkte sind schwer zu finden. Mehrmals stehen wir vor dem Altar und blicken zur Orgel hinauf. Die mittlere Achse des Kirchenschiffes ist von Mauer zu Mauer nicht einwandfrei zu ermitteln. Wir verlassen uns auf unser Augenmaß.
Zwischenzeitlich erhalten wir des öfteren Besuch vom Küster. Zum Tee müssen wir hinüber in die gute Stube des Küsterehepaares. Den kleinen täglichen „Elführtje" genehmigen wir uns in der Kirche. Der Küster ist ein lustiger Mann. Eines Tages, es blieb nicht bei dem einen Schnaps, kam seine Frau aufgeregt zu uns in die Kirche und erkundigte sich nach dem ausgehobenen Grab für die Beerdigung, die am Nachmittag stattfinden sollte. Der Schreck saust dem Küster in die Glieder und mit vereinten Kräften, auch mit denen von uns Orgelbauern, hoben wir in Windeseile das Grab aus. Mitgehangen, mitgefangen! Ich stand mit dem Küster in der Kuhle. Sieger musste erst noch den hölzernen Grabkasten reparieren, den wir zur Randumfassung des Grabes benötigten. Mit Ach und Krach, schweißgebadet, schaufelten wir das Grab auf die nötige Tiefe. Das Mittagessen fiel aus. Die ersten Trauergäste gingen in die Kirche, wir klopften uns den Dreck aus den Kleidern.

Wir schneiden die Brüstung der Empore auf und setzen das Rückpositivgehäuse ein. Wieder geht der Blick vom Altar zur Orgel. Steht das kleine Werk nun mittig vor dem Orgelhauptgehäuse? Wir können uns nicht einigen. Das schiefe Mauerwerk irritiert uns gewaltig. Wir spannen lange gerade Latten seitlich ans Haupt- und Rückpositivgehäuse, um so ein besseres Augenmaß zur Richtungsweisung zu erhalten. Langsam ma-

chen wir uns selbst verrückt. Nun ist es aber gut, es bleibt so stehen. Basta! Wir befestigen Bodenrahmen, die tragenden Elemente und die Gehäuseteile am Boden der Empore. Zum Glück steht das Gehäuse lotrecht. Unsere Baustellenbeleuchtung, die wir seitlich neben dem aufrechten Orgelprospektrahmen am langen Kabel an der Kirchendecke angehängt haben, bringt den Beweis. Wir lassen die Besucher teilhaben an der „schiefen" Kirche, indem wir eine Angelschnur an das Kabel anbinden und sie damit nur ein kleines bisschen zur Seite ziehen. „Hallo Orgelbauer", schallt es zu uns herauf, „die Orgel steht schief!" „Nein, kontern wir, die Lampe hängt schief!" Ungläubiges Schütteln der Köpfe und allerhand Gestik mit dem berühmten kleinen Finger bereichern unseren kleinen Spaß. Selbst der Elektriker zweifelt an seinem Verstand.
Nach so viel Erlebtem bauen wir die Orgel technisch zu Ende.

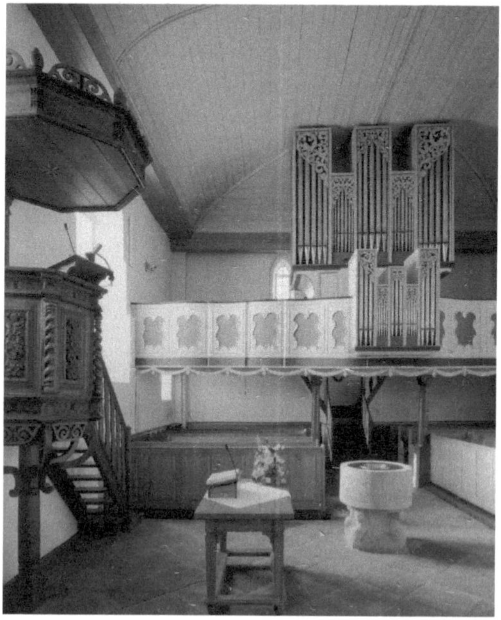

Seit drei Tagen sind wir wieder in der Werkstatt und arbeiten an einem neuen Orgelwerk. Unser Betriebsleiter steht auf eineinmal grinsend neben uns. „Ihr müsst noch einmal nach Ihrhove", so seine Ankündigung, „das Rückpositiv steht nicht in einer „Flucht" mit dem Hauptgehäuse." „Schöner Schiet", denken wir, „können das nicht vor Ort die Intonateure machen?" „Nein, es soll sehr schwie-

rig sein, bringt das in Ordnung!“
Wir zeichneten die Rahmenstücke per Bleistift auf dem Fußboden der Empore an und lösten alle Orgelteile. Zuvor hatten wir von unserem Senior- und Juniorchef Anweisungen erhalten, was wir dann zu machen hätten. Mit allerlei Hebeln und einer hydraulischen Pumpe versuchten wir, das Gehäuse in die richtige Endstellung zu schieben. Der Vorschlaghammer, mit kräftigen Schlägen seitlich ans gesicherte Gehäuse, brachte schließlich den gewünschten Erfolg. „Rumms, rumms und nochmals rumms!“ „Halt, halt - genug!“, ertönte es zweistimmig vom Altar hoch zur Empore. Wir schauen uns verdutzt an. Der Hammerknall muss wohl ihre dimensionale Beobachtung immens verzerrt haben, denn nur so ist es zu verstehen, dass sich die Orgel überhaupt nicht von der Stelle gerührt hat. Wir haben alle Teile wieder genauso befestigt, wie sie vorher angeschraubt waren.
„Halt, halt - (nun war es wirklich) genug!“, zuerst Silkes Treppensturz, dann das vergessene Grab, die amüsante Geschichte mit der schief hängenden Lampe und zuallerletzt die nicht mehr verschiebbare Orgel.

Zweimal abgeschnitten - und immer noch zu kurz.

Orgelbauer sind lustige Gesellen. Sie kennen lustige Lieder und sind auch zu manchem Streich bereit. Wenn sie sagen: „Wir machen Stimmung!“ - heißt es meistens: „Wir stimmen die Orgel.“ Wir sind zu dritt mit der Orgel beschäftigt, der Intonateur, sein Gehilfe und ein Techniker, der die Restarbeiten erledigt. So darf auch einmal der Techniker eine Pfeife aus dem Prospektfeld herausnehmen, dem Intonateur reichen und sie wieder einbauen. Wenn eine Orgelpfeife die Werkstatt verlässt, gibt sie schon einen Ton, sie ist vorintoniert. Diese Pfeife wird aber noch in der Kirche durch verschiedene Hilfsgriffe veredelt. Dies nennt man Intonation. Wenn dann der Ton so klingt, wie der Intonateur es will, wird er auf Tonlänge abgeschnitten und gestimmt. Das ist für alle Pfeifen dann die Stimmung. Somit ist der Intonateur der wichtigste Mann an der Orgel. Er muss Fingerspitzengefühl, künstlerisches und musikalisches Empfinden haben, muss aber auch technisch einwandfrei arbeiten können, denn er ist der letzte Mann an dem Instrument. Mit ihm steht und fällt die Qualität des Orgelklanges und auch der Orgel selbst. Wir nannten sie eben nur „Halbgötter", die meinten, dass sie nahezu vollkommen seien und keine Fehler machten,

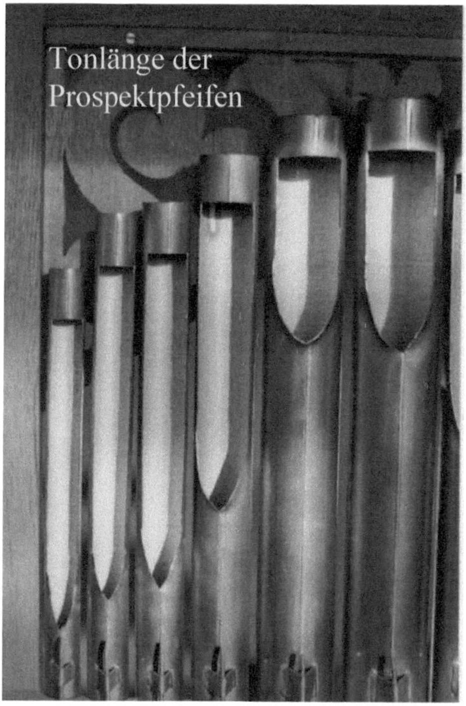

wie hier bei der Fertigstellung der Orgel in Kiel. Der „Herr" Intonateur hat bei unserer Frage, ob er schon einmal eine Pfeife zu kurz geschnitten hat, geantwortet: „Nein, noch nie!"
Eine große Prospektpfeife liegt auf seinem Arbeitsplatz. Er ist dabei, die Tonhöhe anzureißen und die Pfeife fast genau auf Tonlänge abzuschneiden. Da das Prospektbild, zu der diese Pfeife gehört, nicht verändert werden darf, wird sie nur von hinten ausgeschnitten. Dazu benötigt der Intonateur einen Gliederstab, vormals einen Zollstock, auf dem jetzt die Tonlängen angegeben sind. Wir verwickeln

ihn in ein Gespräch, und vorsichtig, ohne dass er es merkt, verschieben wir den Stab um einen Ton. Ahnungslos schneidet er die Pfeife auf Tonlänge. „Ist ja ein bisschen viel, was ich da herausgeschnitten habe", murmelt er vor sich hin. Bemerkt hat er zu unserem Glück den „gewollten" Irrtum nicht. Die Pfeife wurde wieder eingebaut. Es dauerte nun eine ganze Weile, bis alle Prospektpfeifen diese Prozedur überstanden hatten. Hinter dem Prinzipal 8`, der als Prospekt in der Vorderfront des Orgelgehäuses steht, wurden die nächsten Register eingebaut, bis hin zur Oktave 4`. Bei diesem Register wurde die Grundstimmung gelegt, denn durch die klare Klangfarbe ist es bestens als Stimmregister geeignet. Nun konnten die vorher eingebauten Register auch gestimmt werden. „Was ist denn das?", so unser Intonateur, „das F des Prinzipals ist ja um einen Ton zu hoch. Steht die Pfeife am richtigen Ort? Die ist zu kurz, hier müssen wir etwas einlöten!", rief er uns vorwurfsvoll zu. „Gebt mir mal die Pfeife heraus, ich bringe das wieder in Ordnung." Sein strafender Blick sprach Bände. Irgendwie war er stinksauer und deshalb wohl auch nicht ganz bei der Sache. Er hat nicht gemerkt, dass wir ihm die daneben stehende Pfeife heruntergegeben hatten. Ein so erfahrener Intonateur ließ sich durch ein plumpes Manöver hereinlegen!
Er holte seine Lötsachen. Mit seinem vorsintflutlichen Lötkolben, dieser wurde mit einem elektrischen Kocher heiß gemacht, lötete er ein Stück Metall (Zinn-Blei-Legierung) in die ausgeschnittene hintere Öffnung ein. Er blies die Pfeife mit dem Mund an, schnitt noch einmal mit dem Messer die Stimmfläche nach und nickte uns und der Pfeife zu, als wollte er sagen: „Ihr legt mich nicht herein, ihr nicht!" Das „dicke Ende" folgte auf dem Fuße. O weh - um einen Ton zu tief, und der andere Ton war zu hoch. Beim ersten Ton hatten wir ein bisschen nachgeholfen, aber beim zweiten Ton hatte er den Mist verzapft. Wer

ist denn nun der Intonateur? Er oder wir? Wir haben zugegeben, dass es von uns nicht ganz fair war, ihn hereinzulegen. Wir haben uns auch entschuldigt. Er hat brummig die Entschuldigung angenommen. Ein paar Tage hat er schon gebraucht, bis er uns ganz verziehen hatte.
Aber man soll auch nicht sagen: „Ich habe noch nie einen Fehler gemacht!“ Denn wer noch nie etwas falsch gemacht hat, hat auch noch nie gearbeitet.

Die Gesellenprüfung

Wie in jedem Beruf steht zum Ende der Lehrzeit die Gesellenprüfung an, auch für uns Orgelbauer - wir waren zu viert. Die Prüfungskommission kam daher nach Wilhelmshaven. Sicherlich war sie auch daran interessiert, wie wir hier unsere Orgeln bauen. Denn mit den Augen stehlen ist nicht verboten und für jeden Handwerker eine lehrreiche Übung.
Tagelang, besser gesagt wochenlang, haben wir nach Feierabend Theorie gebüffelt. Unser Lehrherr Meister Führer, sein Neffe Fritz - auch Orgelbaumeister - und unser Betriebsleiter Günter brachten unsere Köpfe zum Rauchen. Wir hatten schon einen Gesellenbrief als Tischler in der Tasche, so brauchten wir nicht noch einmal eine dreijährige Lehrzeit als Orgelbauer über uns ergehen lassen. Der Tischlerberuf ist in vielen Teilen identisch mit dem Orgelbauberuf. In beiden Berufen ist der Werkstoff Holz der wichtigste Bestandteil. Holzverbindungen wie Zinken, Graten, Zapf- und Schlitzverbindungen, Verleimungen usw. müssen alle „Stifte“ erlernen. Über den Werkstoff Holz kann man eine eigene Geschichte schreiben. Aber Holz ist nicht Holz, gerade im Orgelbau muss Qualität eingekauft und entsprechend auch

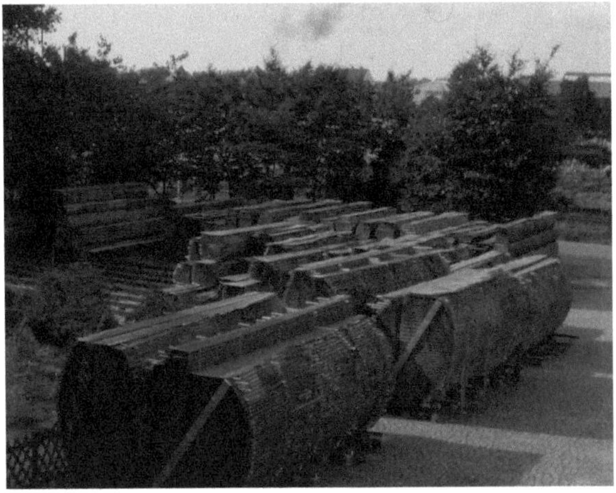

behandelt werden. Wir haben einheimische Hölzer, überwiegend Eiche, Fichte und Kiefer, beim Sägewerk im Bayrischen Wald als Schnittware eingekauft. Die Trocknung der Hölzer erfolgte an der frischen Luft in Blockstapelung auf dem Firmengelände. Nach einer ca. vierjährigen Trocknung, es war auch entscheidend, wie trocken unsere Sommer waren, wurden Seiten-, Mittel- und Kernbretter besäumt. Die Qualität der Orgel, das aus Massivholz angefertigte Gehäuse und die Technik, die auch überwiegend aus Holz hergestellt wird, machten ein sorgfältiges Aussuchen der Hölzer erforderlich. Drehwüchsige Holzarten oder sogar Hölzer mit Ästen sind ein Tabu im Orgelbau.

Wir Tischlergesellen haben den wunderschönen Beruf des Orgelbauers während des Baus der Orgel hinzugelernt. Metall-, Filz- und Lederarbeiten wurden ebenfalls erlernt. Für elektrische Schaltungen kristallisierten sich Spezialisten heraus. Und wer ein gutes Ohr hatte und musikalisch durch Spielen eines Instrumentes vorbelastet war, hatte weniger Probleme bei der klanglichen Arbeit. Aber die Grundkenntnisse mussten wir können. Daran ging kein Weg vorbei. Wir lernten etwas über Akustik, Schwingungen, Tonhöhen, Wellenlängen und Stimmung. Die Töne zur Grundstimmung, in Quarten und Quinten innerhalb einer Oktave aufgeteilt, mussten wir im Schlaf kön-

nen: a – e, e – h, h – fs, fs – cs, cs – gs, gs – ds, ds – b, b – f, f – c, c – g, g – d. Der Kreis schließt sich wieder bei d – a.
Nun konnte uns nichts mehr erschüttern. Zwei von uns vieren waren bereits Gehilfen bei den Intonateuren, der Dritte, ebenfalls musikalisch vorbelastet, war auch schon ein paar Mal zur klanglichen Fertigstellung der Orgel dabei, der Vierte im Bunde hatte zu seiner eigenen Sicherheit eine „Absprache" mit unserem Intonateur.
Der Tag der Wahrheit begann. Trotz eines Gesellenbriefes waren wir Prüflinge aufgeregt. Bei herrlichstem Sommerwetter wurde der theoretische Teil im Garten abgehalten. Unser Chef saß etwas abseits neben der Prüfungskommission. Er nickte uns unauffällig zu, sodass wir uns ein bisschen beruhigen konnten. Alles lief planmäßig. Wir mussten aufpassen, dass wir keine Betriebsgeheimnisse ausplauderten.
Es folgte der technische Teil. Wir mussten unter anderem eine Metallpfeife kröpfen. Zugegeben, da wir keinen Aufpasser in der Pfeifenlöterei hatten, haben uns die Pfeifenmacher ein bisschen geholfen: „Aber meine Herren, bitte ein wenig ‚Zittern', damit die Naht nicht so korrekt ist!" Auffallen durfte die Hilfe auf keinen Fall. Auch hier ging alles gut.
Zum Schluss mussten wir ein paar Zungenpfeifen im Klang charakterisieren und anschließend stimmen. Ein Zungenregister oder auch Rohrwerk, in alten Zeiten auch Schnarrwerk genannt, besitzt Töne wie die beim Harmonium, die mit schwingenden Metallzungen erzeugt werden.
Gestimmt wird die Zungenpfeife mittels einer Stimmkrücke. Das ist ein gebogener Draht, der an die Zunge angepresst wird. Beim Hinaufziehen der Krücke wird die schwingende Zunge verlängert und der Ton tiefer. Beim Herunterschieben der Stimmkrücke wird die schwingende Zunge verkürzt und der Ton höher.

Nun folgte die letzte Prüfungsaufgabe. Wir angehenden Orgelbaugesellen, die Prüfungskommission und unser Intonateur waren alle im Intonierraum. Wir drei Geübten sahen zu, wie unser nicht so geübter Kollege Schwierigkeiten hatte. Die Absprache mit unserem Intonateur hatte nicht einwandfrei geklappt. Der Intonateur deutete mit einer leichten Kopfhebung an, dass der Ton höher muss. Der Prüfling zog fälschlicherweise die Stimmkrücke höher, sodass der Ton tiefer wurde. Vielleicht war seine Aufregung so groß, dass er überhaupt nicht merkte, dass der Ton tiefer statt höher wurde. Aber die Prüfungskommission bemerkte den hilfesuchenden Blick und schickte den Rest der Mannschaft hinaus. Wir wissen nicht im Detail, wie es weiterging. Er hat es aber letzten Endes doch ohne jegliche Hilfsmaßnahmen geschafft. Herzlichen Glückwunsch!

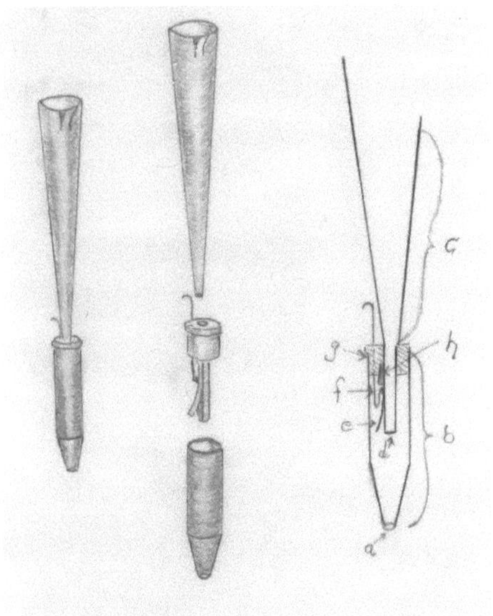

Zungenpfeife

a = Stiefelloch
b = Stiefel
c = Klangbecher
d = Kehle
e = Zunge
f = Stimmkrücke
g = Kopf
h = Festhaltekeil

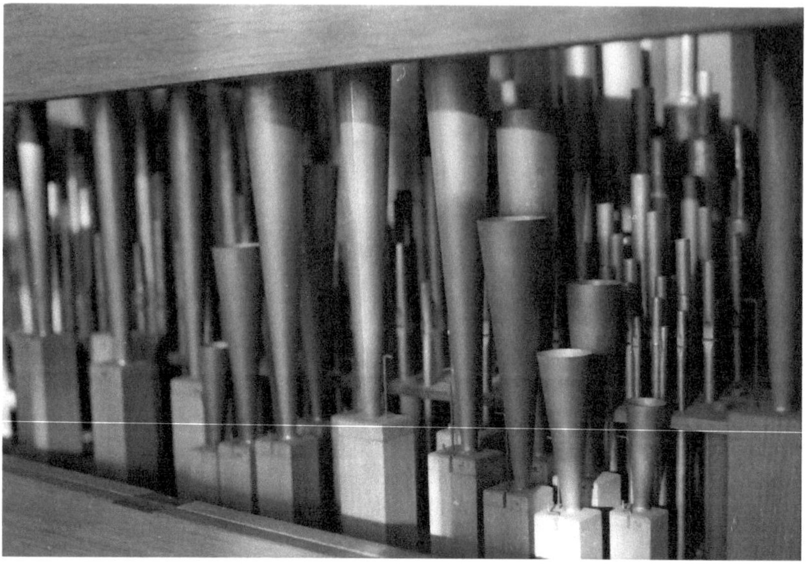

Rohrwerksregister
Trompete 8`

Der „Herr“ Mai ist gekommen!

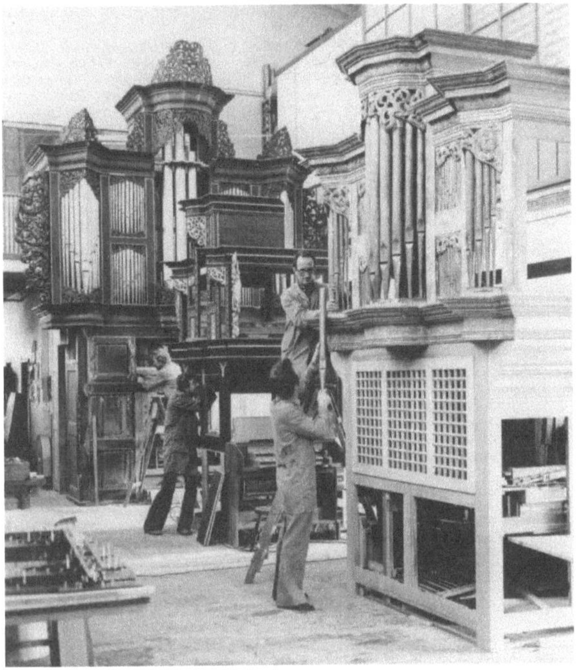

Der Lenz ist eingekehrt, nicht nur in der Natur, sondern auch bei uns fröhlichen Orgelbauern. In der großen Werks- und Montagehalle sind die Gehäuse für Fedderwarden, Börninghausen und Oythe aufgebaut, in denen wir nun die Technik einbauen und die Orgelpfeifen aufstellen wollen.
Emsiges und reges Treiben herrscht. Alle sprühen vor Arbeitseifer und wollen die Orgeln rechtzeitig zum vorgegebenen Termin fertigstellen. Zugegeben, ein wenig „Druck“ aus der obersten Etage ist zu spüren, aber trotzdem sind alle bei der Sache.
Der Werkstatt- und auch der Betriebsleiter wachen mit scharfem Auge über unser Tun.
Aber auch Fröhlichkeit spiegelt sich in der Arbeit wider. Wie sonst sollen wir diese herrlichen Instrumente wohl herstellen können?
So manch einer pfeift bei der Arbeit, und ein anderer stimmt auch mal ein lustiges Lied an. Aber keiner vergisst darüber seine akribische Arbeit. Bei Maschinenarbeit endet abrupt das

pfeifende oder trällernde Lied, denn dabei ist äußerste Konzentration angesagt.
Auf einmal wird's noch lustiger. Mit gewaltigem Organ, anschwellender Brust und klarem Ton stimmt einer der Sangesbrüder ein Loblied auf den Mai an: „Der Herr Mai ist gekommen!"
„Schön kannst du singen, aber falsch", ruft einer aus der Orgel zurück. „Wenn du alles besser weißt," antwortet der Erste, „dann singe du doch mal". Und so stimmt er an: „Der Mai ist gekommen, die Bäume schlagen aus." „Pass mal auf, dass ich nicht ausschlage," kommt es als Retourkutsche zurück. „So singe ich es auch!" „Nein - singe es noch einmal.", ertönt die Antwort. „Der Herr Mai ist gekommen, die Bäume schlagen aus!" „Hör auf! Falsch, falsch, es ist ja nicht auszuhalten, geschweige denn mit anzuhören!", lautet wiederum der Kommentar. So geht es hin und her. Bald ist es kein Spaß mehr, denn der Rest der Mannschaft stimmt mit ein, immer bedacht, den Auftakt des Liedes - der Herr Mai - kräftig herauszuheben. Auf einmal Totenstille, dann brüllendes Gelächter: Der Sangesbruder hat seinen Fehler bemerkt. Irgendetwas murmelt er vor sich hin, und er verlässt wutentbrannt die Werkshalle. Die Tür zum Maschinenraum muss herhalten. Mit einem Knall fällt sie ins Schloss.
Das ist nun schon lange her, aber jedes Mal zum Maifest fällt mir dieser Sängerstreit ein. Es ist schwierig, das Lied ohne den „Herr"-Auftakt zu singen. Ein bisschen Konzentration gehört schon dazu, um es richtig anzusingen.

Jeder kann es einmal versuchen, in beiden Variationen!

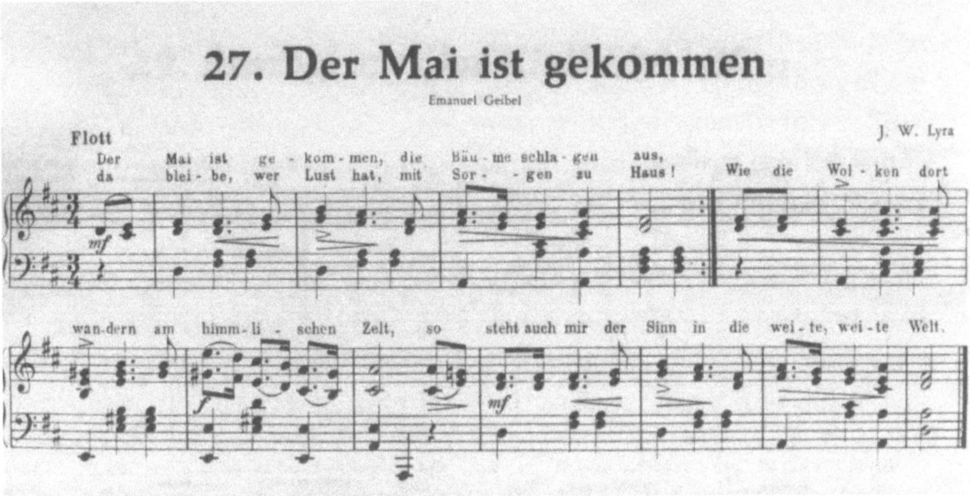

Ein bisschen aus der Musik

Nachdem wir den Spaziergang durch die Orgel unternommen haben, wenden wir uns jetzt der klanglichen Ausrichtung zu.

Wir setzen uns zu dem Orgelbauer auf die Orgelbank und lassen uns den Tonumfang der Manual- und der Pedalklaviatur nochmals erklären. Ein bisschen Auffrischung kann nicht schaden. Gedanklich machen wir noch einmal den Spaziergang. Beim Spieltisch angekommen, erinnern wir uns wieder an den Manualtonumfang von C – g^3 und im Pedal von C – f^1. Sofort fällt uns wieder ein, dass das Orgel-Manual nur 56 Töne und ein Klavier 88 Töne hat.

Er erzählt uns von der Akustik, der Raumakustik in der Kirche, von Schwingungen und Wellen. Da die Orgel in einem Raum steht, werden die Schallwellen von den Wänden reflektiert, wodurch sie, hin- und herwiegend, den Klang formen. Eine Orgel in einer leeren Kirche klingt viel lauter und voller als in einer mit vielen Menschen. Die Bekleidung verschluckt einen

großen Teil der Nachhallzeit. So erzählt er uns auch, dass bei der Intonation der Orgel die Sitzflächen der Kirchenbänke und Stühle mit Decken belegt werden, um somit eine „Hör-Vorstellung" davon zu bekommen, wie die Orgel bei vollem Kirchenbesuch klingt.
Wir sehen im Spieltisch die Registerzüge in Werken aufgeteilt, wie hier in Damme in der katholischen St.-Viktor-Kirche. Was sind denn nun Register? Wir haben gelernt, dass jede Pfeife nur einen Ton von sich geben kann. Eine Manualklaviatur mit 56 Tasten hat eine Pfeifenreihe mit 56 Tönen. So besitzt eine Orgel mehrere Pfeifenreihen (Register), die ein- oder abgeschaltet werden können. Nochmals - die Orgel hat einen Tonumfang bis zu 10 Oktaven, obwohl die Manualklaviatur nur $4\,^1/_2$ - 5 Oktaven umfasst. Dies kommt zustande, weil die Register in verschiedenen Tonhöhen erklingen. Wir haben uns extra an eine große 40-registrige Orgel gesetzt, um einmal eine Auswahl der verschiedensten Register zu erkennen.

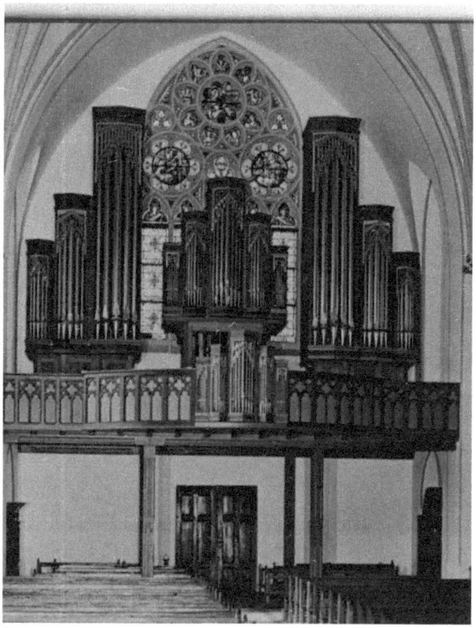

Hauptwerk C - g³

Praestant	8 (` = Fuß) ein Fuß = 0,33 m;
Koppelflöte	8` 8 x 0,33= 2,64 m
Oktave	4`
Spitzflöte	4`
Quinte	2 2/3`
Oktave	2`
Mixtur 6fach	1 1/3`
Trompete	16`
Trompete	8`

Rückpositiv C - g³

Metallgedackt	8`
Ouintade	8`
Praestant	4`
Blockflöte	4`
Waldflöte	2`
Quinte	1 1/3`
Sesquialtera 2-fach	
Scharff 4-fach	1`
Franz. Krummhorn	8`

Schwellwerk C - g³

Bordun	16`
Gemshorn	8`
Schwebung	8`
Holzgedackt	8`
Prinzipal	4`
Rohrflöte	4`
Nasat	2 2/3`
Prinzipal	2`
TerzflötE	1 3/5`
Mixtur 4 - 6-fach	2/3`
Bombarde	16`
Trompete harmonique	8`
Hohe Trompete	4`

Pedal C - f 1

Praestant	16`
Subbass	16`
Oktave	8`
Gedackt	8`
Hohlflöte	4`
Bauernflöte	2`
Rauschbass 5-fach	2 `
Posaune	16`
Trompete	4`

Es gibt Orgelpfeifen aus Metall oder Holz. Es gibt gedeckte und offene Pfeifen sowie konische und zylindrische. Alle haben ihren eigenen Charakter. Für uns Laien sind das alles „Böhmische Dörfer“ - wir können kaum folgen, so umfangreich ist dieses Gebiet. Aber unser Orgelbauer bleibt ruhig und gelassen und versucht, es uns so einfach wie möglich zu erklären.

Wie schon kurz umrissen, haben die einzelnen Register ihre eigene Tonhöhe.
Auf dem Ton C erklingt der 16-Fuß. Wenn ich die Fußzahl durch zwei teile, habe ich einen 8-Fuß, der dann auf dem Ton c° steht. Ich kann aber auch diesen 8-Fuß auf das große C stellen. So sind wir schon eine Oktave höher. Ist das einleuchtend? Zu unserem nichtssagenden Blick drückt er einfach die Taste C und zieht die einzelnen Register. Zum 8` den 4`, dann 2` und 1`. Er koppelt den Manualton an das Pedal und zieht das Register Subbass 16` hinzu. Unsere Gesichter hellen sich auf, nun hören wir genau die einzelnen Stimmen, die alle auf ein und derselben Taste erklingen. Unser Orgelbauer nimmt ein Blatt Papier zur Hand und schreibt uns die Fußtonzahlen auf. Nicht zu vergessen die Quinten, Terzen, Septimen und Nonen. Und weil das alles so einfach aussieht, folgt noch gleich die Zusammensetzung der gemischten Stimmen. Wir kommen aus dem Staunen nicht mehr heraus. Höhere Mathematik! Anhängend die handgeschriebenen Blätter - wie man so schön sagt - die zwischen Tür und Angel geschrieben worden sind, als ob das nichts wäre: Ein Hoch auf den Orgelbaumeister!

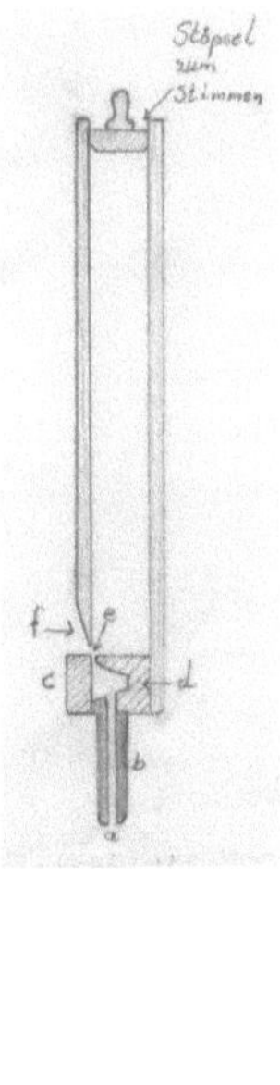

Gedeckte Holzpfeife

a = Fußloch
b = Pfeifenfuß
c = Vorschlag
d = Kern
f = Labium

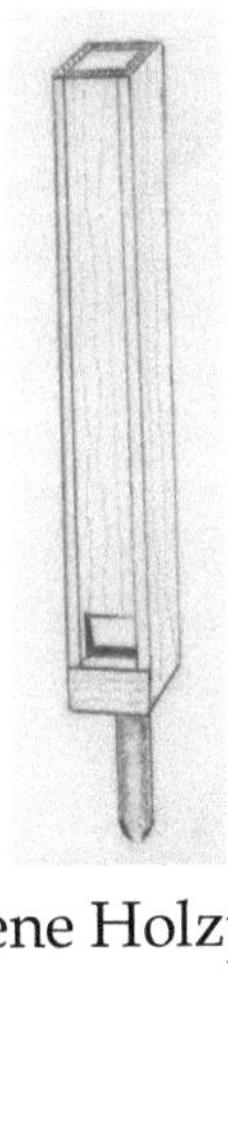

Offene Holzpfeife

16 : 1	= 16'	C	C	
16 : 2	= 8	c°	c	
16 : 3	= 5 1/3	g°	g	
16 : 4	= 4	c^{-}		
16 : 5	= 3 1/5	e^{-}	e	
16 : 6	= 2 2/3	g^{-}	g	
16 : 7	= 2 2/7	b^{-}		
16 : 8	= 2'	$c^{=}$	c	
16 : 9	= 1 7/9	$d^{=}$		
16 : 10	= 1 3/5	$e^{=}$	e	
16 : 11	= 1 5/11	f/fis $^{=}$		
16 : 12	= 1 1/3	$g^{=}$	g	
16 : 13	= 1 3/13	gs/a $^{=}$		
16 : 14	= 1 1/7	$b^{=}$		
16 : 15	= 1 1/15	h		
16 : 16	= 1	c	c	
16 : 17	= 16/17	cs		
16 : 18	= 8/9	d		
16 : 19	= 16/19	ds		
16 : 20	= 4/5	e	e	
16 : 21	=	e/f		
16 : 22	= 8/11	f/fis		
16 : 23	=	fis/g		
16 : 24	= 2/3	g	g	

10 2/3
5 1/3
2 2/3
1 1/3
2/3
1/3
1/6
1/12
Qu.

6 2/5
3 1/5
1 3/5
4/5
2/5
1/5
1/10
Terzen

2 2/7
1 1/7
Septime

1 7/9 + 8/9
Nonen

Sesquialtera 2 2/3 + 1 3/5, C 1 1/3 + 4/5 oder 1 3/5 + 1 1/3
Terzian 1 3/5 + 1 1/3

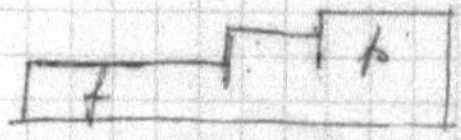

Rauschpf 4f. 2 2/3' C 2 2/3 + 2 + 1 3/5 + 1' durchgehend

Mixtur 4f. C 1 1/3 C 1 3/5 + 1 + 2/3 + 1/2
c° 2 + 1 3/5 + 1 + 2/3
c' 2 2/3 2 - 1 3/5 - 1 + 2/3 1
c'' 4 2 2/3 2 1 3/5 1 + 1 3/5
c''' 4 + 4 + 2 2/3 + 2 + 1 3/5 - 1 3/5.
C 1 + 2/3 + 1/2 + 1/3
c° 2 + 1 3/5 + 1 + 2/3
c' 4 + 2 2/3 + 2 + 1 3/5
c'' 5 1/3 + 4 + 2 2/3 + 2'

Mixtur 2 / 1 3/5 / 1 Scharff 1 / 2/3 Zimbel 1/2 / 1/3

Mixtur 4f. Scharff 4f. Zimbel 3f

Mixtur 4f.	Scharff 4f.	Zimbel 3f
C 2 + 1 3/5 + 1 + 2/3	C 1 + 2/3 + 1/2 + 1/3	C 1/2 + 1/3 + 1/4
f' 2 2/3 + 2 + 1 1/3 + 1	c° 1 1/3 + 1 + 2/3 + 1/2	B 2/3 + 1/2 + 1/3
f'' 4 + 2 2/3 + 2 + 1 1/3	c' 2 + 1 1/3 + 1 + 2/3	gs° 1 + 2/3 + 1/2
	c'' 2 2/3 + 2 + 1 1/3 + 1	fs' 1 1/3 + 1 + 2/3
	c''' 4 + 2 2/3 + 2 + 1 1/3	e'' 2 + 1 1/3 + 1
		d''' 2 2/3 + 2 + 1 1/3

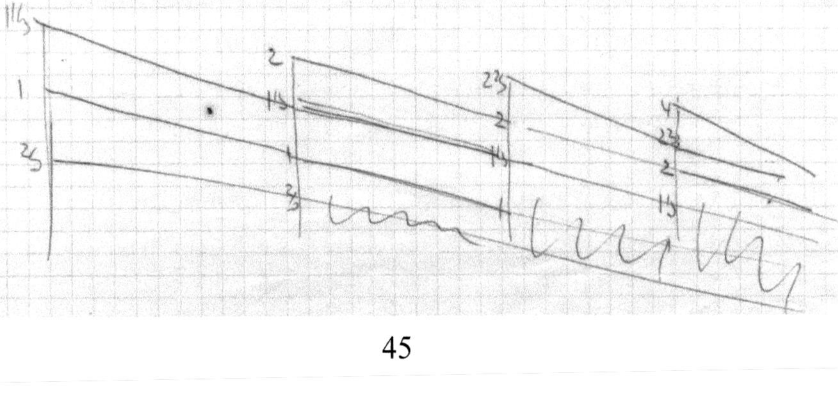

Die letzten Aufzeichnungen zeigen den Aufbau der gemischten Stimmen. Wir erinnern uns, dass wir beim Spaziergang durch die Orgel diese Register als „schreiende Kinder“ betitelt haben. Alleine sind diese Register nicht brauchbar, sondern nur im Zusammenspiel mit den Grundstimmen (16` + 8` + 4` + 2`).
Diese Register sind aus mehreren Reihen zusammengesetzt. Es erklingen beim Drücken von einem Ton gleich mehrere Pfeifen, 3-chörig oder 3-fach, entsprechend bei 5 Pfeifen 5-chörig oder 5-fach. Weiter gibt es noch Obertonregister, die Aliquoten, in Zusammensetzung von Quint- und Terzregister. Wir hören kaum noch zu, denn der siebte Teilton, ein Siebtel des Grundtons, die sogenannte Septime, sowie auch die None, der neunte Ton vom Grundton an, übersteigen unser Hörgefühl. Aber das Register Schwebung 8` im Schwellwerk stellt uns der Orgelbauer noch vor, das müssen wir uns noch unbedingt anhören, mit offenen und geschlossenen Schwellwerkstüren. Das Register hat zwei Pfeifen pro Ton, von denen die eine Pfeife rein gestimmt wird, die andere etwas höher oder tiefer, sodass ein schwebender Ton entsteht. Zu diesem Register gehören auch noch die Streicherregister Vox coelestis, die himmlische Stimme, und das Register Unda maris, die Meereswelle.
„Die Zungenpfeifen ...“ - weiter kam unser Orgelbauer mit seinen Ausführungen nicht - wir fielen ihm ins Wort: „... die haben wir schon bei der Gesellenprüfung kennengelernt.“
Die Orgelstimmung bzw. die Verstimmung einer Pfeife ist sehr von der Temperatur abhängig. Nach einer Wärme- oder Kältezeit sollte eine Nachstimmung durchgeführt werden. Kleinere Verstimmungen, wie auch bei den Zungenregistern, kann der Organist selbst vornehmen. Das dafür benötigte Stimmeisen liefert in der Regel der Orgelbauer. Es hängt an einem bestimmten Platz im Orgelgehäuse.

Die Orgelstimmung beginnt mit dem Register Oktave 4`, das am besten die Stimmung hält. Der Kammerton a° - wie auch beim Klavier - ist auf 880 Hz festgelegt. Der Orgelbauer nimmt seine Stimmgabel zur Hand. Zur Tonverstärkung hält er sie an das Orgelgehäuse, damit wir auch den Ton hören. „Aaaah" ruft er dazu, zu unserem besseren Verständnis. Nochmals schlägt er die Gabel an und hält sie dicht an sein Ohr. Mit dem Stimmhorn bringt er den Ton auf die richtige Tonhöhe. Wir dürfen die Taste halten, die sonst vom Organist gehalten wird. Nun legt er innerhalb der Oktave die Temperatur. Die Töne ruft er uns zu. Nun das H eine Oktave tiefer. „Quarte, Quinte, Oktave," hören wir seine Stimme. So stimmt er das ganze Register rauf und runter. Er setzt sich noch einmal zu uns an den Spieltisch, spielt das Register durch. Sein Kopfnicken bestätigt seine Zufriedenheit. Nun kann er auch die anderen Register stimmen. Wir ziehen das Register Prinzipal 8` hinzu und fangen beim tiefen C an. Der Ruf aus dem Orgelgehäuse „Weiter!" veranlasst uns, den nächsten Ton zu drücken. So geht er jedes Register durch. Mit der Zeit bekommen auch wir Übung und hören genau, welche Pfeife verstimmt ist und welche nicht. Vorsichtig und behutsam geht es zur nächsten Pfeife. Der Orgelbauer hält das Stimmhorn an die Mündung der offenen Pfeife bzw. bei gedeckten Pfeifen vor das Labium. „Werden die Schwingungen geringer," ruft er uns zu, „dann ist der Ton zu hoch, werden sie schneller, ist der Ton zu tief." Vorsichtig korrigiert er mit dem Stimmhorn die Tonhöhe, bis keine Schwingung mehr zu hören ist. Erst dann ist der Ton rein.

Wir schauen uns das Stimmhorn einmal genauer an. An einem Ende des Stiels ist ein Kegel aus Metall angebracht, mit dem die Mündung der Pfeife erweitert werden kann. Am anderen Ende ist ein offener, trichterförmiger Kegel. Damit kann die Mün-

dung verengt werden. Mit diesem Werkzeug können alle Metallpfeifen ohne Stimmring gestimmt werden.
Auf jeden Fall darf eine Metallpfeife nicht mit den Händen angefasst werden, denn die Körperwärme verändert das Metall, der Ton wird dadurch höher.
Wir fahren in der Stimmung fort. „Weiter!“ schallt es zu uns herunter. Wir spitzen die Ohren und verfolgen die Stimmarbeiten. Manchmal warten wir das „Weiter!“ nicht mehr ab, wir drücken zum Test einfach die nächste Taste. „Donnerwetter!“ ist hier als Lob zu vernehmen. Es kann aber durchaus auch anders gemeint sein.
Zum Abschluss sieht der Orgelbauer die Orgel noch einmal technisch durch, nimmt kleine Regulierungen an der Spielmechanik vor und überprüft die Wind- und Balganlage. Und was ganz wichtig ist, er ölt die Lager des Orgelgebläses. „Die Jalousietüren des Schwellkastens bleiben offen,“ ruft er uns zu, „sonst entsteht bei Temperaturschwankungen im Innern des Schwellkastens eine andere Temperatur als außerhalb, und es kommt zu Verstimmungen der Schwellwerksregister.“ Nun noch eine kurze Eintragung ins Orgel-Wartungsbuch, Datum und Unterschrift nicht vergessen. Die Orgel kann jetzt wieder zur Freude Gottes und der Gemeinde jauchzen und jubilieren.

Wir machen Tanzmusik

Wie immer - Termin, Termin!
Wir Orgelbauer aus dem technischen Bereich sind noch nicht fertig und schon kommen die Herren Intonateure, um den Orgelpfeifen die „Flötentöne“ beizubringen.
Noch können wir Hand in Hand arbeiten. Unsere Arbeitsgeräusche stören noch nicht. Ede ist beim Einbauen der Schallkäs-

ten für die elektrischen Registermotoren. So manches Mal hört man ihn leicht und dezent fluchen: „Trotz des riesigen Gehäuses kein Platz für meine Kästen!" Es ist ein altes Gehäuse aus dem Jahre 1770 von Johann Gottlieb Müller, das vor Ort von hiesigen Handwerkern restauriert wurde. Gerd, auch für

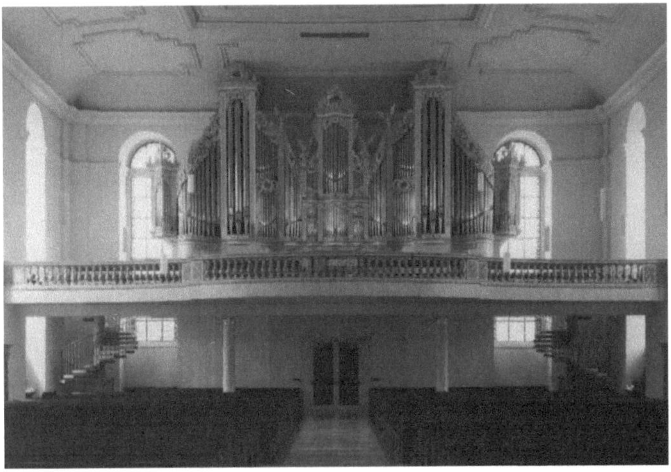

den elektrischen Bereich zuständig, hilft ab und zu den Intonateuren beim Einsetzen der Prospektpfeifen. Rudolf und ich kümmern uns um die Zungenpfeifen. Die großen Schallbecher müssen noch eine zusätzliche Halterung bekommen. Wir haben uns im Glockenturm, der frei neben dem Kirchengebäude steht, unseren neuen Arbeitsraum eingerichtet. Kreissäge und Dekopiersäge verursachen viel Lärm, aber auch Staub und Späne, die wir nicht mehr auf der Orgelempore und in der Orgel haben wollen. „Des einen Leid, des anderen Freud" - die Herren Intonateure haben endlich Ruhe vor uns. Wir müssen nur viel wandern, was für die Fertigstellung des Instrumentes mehr Zeit kostet. Halter in der Orgel aufmessen. „Psst - leise", die beiden Intonateure brauchen Ruhe. Nun müssen wir uns auf unsere Arbeit doppelt konzentrieren, da wir uns zusätzlich noch dieses „Gepiepe" von den Orgelpfeifen anhören müssen.

Die ersten Register erklingen. Wir sind ganz begeistert von unserer Arbeit. „Ja, ja, ihr ‚Herren' Intonateure, wenn wir Techniker nicht wären! Ohne uns gäbe es auch für euch keine Musik.", rufe ich ihnen zu.
Es juckt in den Fingern. Ganz spontan greife ich in die Tasten. Wir sind fröhliche Burschen und machen auch fröhliche Musik. „Junge, komm bald wieder" und „Fuchs, du hast die Gans gestohlen" schallt es durch den heiligen Raum. Es ist, als ob die Engel jubilieren. Der Rest der Mannschaft macht flüssige Brotzeit.
Ede gesellt sich zu mir. „Bernd, was hältst du davon, wenn wir vierhändig spielen? Ich spiele eine polnische Mazurka, und du spielst den Takt dazu. Das machst du ja schon mit deinem ‚Wupp, da, da!' Einen langsamen Tanz im Dreivierteltakt, das kriegen wir doch hin!"
Als Probe spielt Ede erst einmal seine Melodie. Das hört sich gut an. Ich nehme auch Platz auf der Orgelbank und spiele mit der linken Hand den Grundton (Wupp ...) und mit der rechten Hand den passenden Akkord (... da, da). Mein Einsatz kommt zu spät, aber so langsam spiele ich mich heran. Wir spielen uns in einen Rausch. Was hinter unserem Rücken passiert, können wir nicht sehen, aber hören. Wir nehmen an, dass Mathias, Kurt, Rudolf und Gerd zu unserer Musik schunkeln, ihr Mitgesang ohne Text, mehr ein Summen, ist deutlich zu hören. Mit einem Schlussakkord beenden wir unsere Vorstellung.

„Weiter!", schallt es vom Altar zu uns herauf! Was sehen wir denn da? Im Dreivierteltakt tanzt unser Löninger Pfarrer um den Altar herum, nicht vergessend, beim 3. Takt ein Bein leicht anzulupfen, auch ohne unsere Musik noch einmal um den Altar herum. Ein Spaßvogel, trotzdem haben wir uns nicht noch einmal getraut, die Mazurka zu spielen.

„Das ist so," sagt unser Herr Pfarrer, „der liebe Herrgott hat uns als lustige Menschen geschaffen und dazu gehören auch wir Gottesboten!"
Zugegeben, Tanz- oder Unterhaltungsmusik auf der Orgel klingt wie ein Leierkasten, obwohl ein Leierkasten auch eine Orgel ist. Eine Kirchenorgel ist dazu nicht geeignet, denn der ungebeugte Klang dieses Instrumentes gehört zum Schönsten, was Menschen erbauen können.

Die Kulturbanausen

In der evangelisch-lutherischen Lutherkirche bauen wir eine 40-registrige Orgel in ein altes Gehäuse ein. Die Orgelarbeiten werden begleitet vom Orgelsachverständigen, der gleichzeitig auch Organist bei dieser Gemeinde ist. Wir sind eine große Mannschaft, denn wie immer drückt der Termin. Die Unterbringung von uns Orgelbauern erfolgte im Gemeindehaus, fünf Betten in einem Raum. Frühstück und Abendbrot machten wir selber, das Mittagessen wurde uns serviert.
Für die orgellose Zeit stellten wir der Kirche ein 4-registriges Orgelpositiv mit angehängtem Pedal zur Verfügung, das neben dem Taufbecken aufgestellt wurde.
Es ist allgemein bekannt, dass Orgelbauer musikalisch sind und auch viele ein Instrument spielen können, überwiegend Tasteninstrumente.

Wir machen Frühstückspause. Zur musikalischen Untermalung benutzen wir das Positiv. Ich öffne die Türen vor den Prospektpfeifen, stelle das Gebläse an und ziehe die Register heraus. Melodien im Dreivierteltakt schallen durch die Kirche. Damit es lustiger wird und die kleine Orgel wie eine Drehorgel klingt,

ziehe ich die Register nur halb heraus. Dadurch halbiert die Registerschleife die Windlöcher. Die Orgelpfeifen erhalten nicht mehr ausreichend Wind und klingen dadurch leicht verstimmt. Ein kleiner „Geschmacksverstärker“ - der ostfriesische „Elführtje“ - ermutigt meine Arbeitskollegen mitzusingen. Lustig klingt es in den heiligen Gemäuern. Mittendrin, bei den Nordseewellen, geht die Kirchentür auf, der Organist geht schnurstracks und ohne ein Wort zu verlieren zum Orgelpositiv. Er stellt das Gebläse ab und schmeißt wutentbrannt die Prospekttüren zu. Er würdigt uns keines Blickes und verlässt wieder die Kirche.
„Was soll denn das?“ Wir schauen uns nur an und machen dort weiter, wo wir aufgehört haben. „Der liebe Herrgott hat uns so geschaffen, dass wir lustig sind“, ruft Rolf hinterher. „Das bleiben wir auch! Die Kirche ist unser Arbeitsplatz und hier benehmen wir uns auch wie in der Werkstatt. Da hat uns noch nie einer das Musizieren verboten!“ Es bleibt ruhig. Heute stört uns kein Organist mehr.
Der gestrige Tag war anstrengend. Wir waren ziemlich geschlaucht, trotzdem haben wir nach dem Abendessen noch einen kleinen Spaziergang gemacht und anschließend nachträglich den Geburtstag eines Arbeitskollegen gefeiert. Manche bekamen den Hals nicht voll. Sie lagen schon im Bett und ließen sich noch einen Grog servieren.
Der nächste Morgen war grauenhaft. Verschlafene und zerknirschte Gesichter bereicherten das Frühstück. Unser Arbeitsbeginn verzögerte sich ein bisschen. Wir mussten uns gegenseitig Mut machen, damit wir in die „Gänge“ kamen. Die Turmuhr schlug 9 Uhr, als wir endlich in der Kirche waren. Wir hatten gerade unsere Arbeitsklamotten an, als der Organist atemlos in die Kirche kam. „Ich war schon mal hier“, sagte er, „da war noch niemand da!“ „Das kann nicht sein“, antworteten wir,

„denn um 7 Uhr ist Arbeitsbeginn, wir waren kurz danach hier." Er schüttelte nur seinen Kopf, als ob er sagen wollte: „Ist mit mir etwas nicht in Ordnung?" Wortlos verließ er wieder die Kirche. Was war passiert? Unser Chef hat bei der Gemeinde angerufen und darum gebeten, dass ein Orgelbauer zurückrufen möge. So machte der Organist sich auf den Weg, traf aber leider niemanden an. Er hatte nichts Eiligeres zu tun, als wieder in Wilhelmshaven anzurufen, um mitzuteilen, dass noch kein Orgelbauer in der Kirche sei. In der Firma konnte man das nicht verstehen und bat darum, noch einmal nachzusehen. Inzwischen waren wir in der Kirche. Der Organist konnte sich kaum beruhigen, als er uns sah und wir ihm mitteilten, dass wir schon fast zwei Stunden hier sind.

Nun gingen Orgelbauer und Organist gemeinsam zum Telefonieren. Vorab hat sich der Organist aber bei unserem Chef mit der Begründung entschuldigt, dass er aufgrund des gestrigen Chorübungsabends wohl noch nicht ganz wach gewesen sei.

Dass wir auf Anhieb den Organisten so belügen konnten, wundert mich noch heute. „Wer hatte wohl einen schweren Kopf?", fragte ich mich.

Bei der Rückgabe des Firmenwagens am Wochenende wurde auch berichtet, wie weit wir mit dem Einbau der Orgel sind. Aber den verspäteten Arbeitsbeginn „kitzelte" unser Chef auch aus uns heraus. Wir wussten, dass er uns nicht böse sein würde. So bekam die Geschichte noch ein lustiges Ende: „Schenk' ein, Kapelle!"

Die Orgelpfeifen

Der Klangkörper der Orgel, das Pfeifenwerk, ist so umfangreich, dass er noch ein bisschen eingehender behandelt werden muss. Beim Spaziergang durch die Orgel und auch bei dem Thema „Ein bisschen aus der Musik" sind wir schon auf das Pfeifenwerk eingegangen.

Aber über die Fertigung, wie Pfeifen überhaupt hergestellt werden, haben wir bis jetzt kaum ein Wort verloren. Das Material ist je nach der bestimmten Klangfarbe verschieden. Entweder erfolgt die Herstellung aus einer Zinn-Blei-Legierung oder aus Holz. Wobei Holz als Werkstoff entschieden preiswerter ist als Zinn.

Man unterscheidet zwei verschiedene Arten von Pfeifen, zum einen die Lippen- oder Labialpfeifen und zum anderen die Zungen- oder Lingualpfeifen. Bei den Labialpfeifen wird der Ton durch Schwingungen der Luftsäule im Innern der Pfeife und bei den Zungenpfeifen der Klang durch eine schwingende Metallzunge erzeugt, wie bei einem Harmonium oder einer Mundharmonika.

Die meisten Pfeifen in der Orgel sind Labialpfeifen. Die Pfeife besteht aus einem Fuß, der als Windführung dient, dem Mundstück mit Labium, dem Kern, der Kernspalte und dem Aufschnitt, die den Klang vorbereiten, und zuletzt aus dem Klangkörper. Der Orgelwind strömt durch das Fußloch in den Pfeifenfuß und wird durch die Kernspalte hindurchgeführt, besser gesagt, gepresst. Er trifft nun von der Kante des Unterlabiums auf die Kante des Oberlabiums und gerät durch Luftwirbelbildungen im Pfeifenkörper zu Schwingungen.

Oft wird man gefragt, ob es Rohre in verschiedenen Durchmessern gäbe, die dann auf Tonlänge abgeschnitten werden. Wenn das so einfach wäre!

Nein – es werden Metallplatten gegossen und glatt gehobelt. Daraus werden die Pfeifenkörper zugeschnitten, gerollt und verlötet. Aber nun erst einmal der Reihe nach.

Wir betreten die Gießerei. Am Lager vorbeikommend, erkennen wir in Reih und Glied aufgestapelte Rohbarren aus Zinn und Blei. Ganz nebenbei erzählt uns der Meister, dass die Zinnbarren ein Gewicht von 53 kg haben und die Bleibarren etwas leichter sind und nur 40 kg wiegen. Als ob das nichts wäre, sie müssen transportiert und bewegt werden.
Schlagartig sind meine Gedanken bei Erich, der neben seinen Orgelfiligranarbeiten auch als Lkw-Fahrer eingesetzt wurde. Wir liefern ins Ruhrgebiet eine neue Orgel. Auf dem Rückweg soll er Zinn aus Duisburg mitbringen. Am späten Nachmittag holt er die Ware ab. Schnell ist sie mittels Gabelstapler aufgeladen. Die 20 Zinnblöcke, auf einer Holzpalette gestapelt und mit einem Bandeisen gesichert, stehen nun abfahrbereit auf dem Lkw. Schnell noch die Papiere in Ordnung bringen, und ab geht die Reise nach Wilhelmshaven. Auf halber Strecke, es ist schon sehr spät, spürt Erich, dass mit der Ladung etwas nicht in Ordnung ist. Durch die „Rüttelei" haben sich die Zinnblöcke aus der Sicherung gelöst und sind alle auf eine Seite gerutscht. Im Nu stand der Lkw schief. Kein Haus, keine Hilfe weit und breit. Ein Handy gab es zu der damaligen Zeit noch nicht. Es blieb ihm gar nichts anderes übrig, als den Trümmerhaufen zu entzerren und die Blöcke einzeln nebeneinander zu legen. Bitte, nicht vergessen, ein Barren wiegt 53 kg! Heutzutage sind die Barren leichter und handlicher, sie wiegen nur noch 25 kg. Wer schon einmal einen Zentner Kartoffeln getragen hat, kann nachvollziehen, wie ihm zumute war und was er geleistet hat.
In der Mitte des Raumes steht ein Gießtisch von ca. 3,50 m Länge und 0,80 m Breite. Die Platte ist mit einem auf Spannung gehaltenen dicken Tuch versehen, darüber ist ein Leinentuch gespannt. Im vorderen Bereich wartet der hölzerne Gießschlitten auf seinen Einsatz, und am Ende des Gießtisches ist ein fahrbares Auffangbecken in Position gerollt.

Wir sehen uns in der Gießerei um. An den Wänden stehen gegossene Metallrollen. Schwer und unförmig sehen sie aus. Wir erkennen auf den Rollen Prozent- und Gewichtszahlen.
75 %, 50 %, 40 %, 25 % - 21,3 kg, 25,0 kg, 22,4 kg. Auf dem Arbeitstisch steht eine kleine unscheinbare Waage, fast eine Briefwaage, daneben kleine runde Eichgewichte in verschiedenen Prozentzahlen. Wir spitzen die Ohren und hören aufmerksam zu. Die große Zange mit dem hohlen Kugelkopf gehört auch zu den Gewichten. Im Schmelztiegel befindet sich das flüssige Metall. Nun entnimmt der Orgelbauer mit der Zange etwas vom flüssigen Metall. Nach einer kurzen Abkühlzeit schlägt er die Form auf und legt das glänzende Teil in eine Schale der Waage, in die andere Schale die geeichte 75-prozentige Kugel. Die Waage zeigt Gleichheit. Nun können die neuen Platten für die Prospektpfeifen gegossen werden. Zinn, so erzählt uns der Meister, schmilzt bei 231° C und Blei bei 327,4° C. Das silberweiß-glänzende, flüssige Metall wird noch ein paar Mal umgerührt. Der Fachmann überprüft mit einem Thermometer mehrmals die Temperatur.
Ein großer Topf, hängend an einem Transportband, erregt unsere Aufmerksamkeit. Nun wird mit einer großen schweren Schöpfkelle das heiße Metall in den Topf gegossen. Bitte vorsichtig einfüllen! Die sehr heißen Spritzer können gefährlich werden und empfindliche Verbrennungen erzeugen. Eine Schutzbrille schützt die Augen des Gießers, lange Sicherheitshandschuhe Arme und Hände. Dass er keine Sandalen anhat, ist wohl selbstverständlich. Nun schiebt er den gefüllten Topf genau über die Gießlade. Er nimmt eine mit Löchern versehene Schöpfkelle zur Hand und rührt mehrfach die „Suppe" um. Der aufsteigende Schmutz wird sorgfältig entfernt. Immer wieder wird umgerührt. Das Metall soll in Bewegung bleiben, sein Blick achtet auf die Verfärbung. Wir sehen überhaupt keinen

Unterschied und zucken nur mit den Schultern. Sein geschulter Blick deutet an, dass das Metall noch weiter abkühlen muss, bevor es zum Guss kommt. Damit es etwas schneller geht, fügt er ein Reststück von gleicher Prozentzahl bei. Schnell wird beides zu einer Einheit. Immer wieder kommen Verbrennungsrückstände an die Oberfläche. Sie werden beseitigt. Da dieser Schmutz immer noch etwas Zinn beinhaltet, kommt er in eine Spezialtonne. Er wird an die Lieferfirma zurückgegeben, die bei höheren Temperaturen noch Zinn herausholen kann. Zinn ist sehr teuer. Es wäre eine Sünde, die Schlacke einfach zu entsorgen. Der Blick des Gießers hellt sich auf, die Temperatur stimmt. Er gießt die Masse in den Gießschlitten. Beidhändig fasst er den Schlitten an, und mit einer gleichmäßigen Bewegung schiebt er ihn vor sich her. Am Ende des Tisches fällt das überflüssige Metall in den bereitgestellten Wagen. Da liegt sie nun, die neue 75%ige Platte, ein glänzendes, weiches und dehnbares Metall. Nach der Abkühlung werden die Ränder beschnitten. Die Platte wird aufgerollt, beschriftet und zur Seite gestellt. Nun muss sie ruhen, damit sich die Spannungen lösen. Wir sind beeindruckt, mit welch einer Ruhe und Sachlichkeit der Vorgang vonstattengeht. So nebenbei erzählt er uns, dass die Gießtemperaturen bei den verschiedenen Legierungen sehr unterschiedlich sind. Bei 75 % muss die Temperatur 190° C betragen, bei 50 % beträgt sie 230° C und bei 25% sind es 270° C (75 % = 75 % Zinn + 25 % Blei, 50 % = Naturguss, 25 % = 25 % Zinn + 75 % Blei).
Eine große Maschine, eine Metallhobelmaschine, weckt unser Interesse. Auf einer großen Trommel mit einem Durchmesser von 1 m wird eine Platte aufgespannt und auf Stärke gehobelt. Wie bei einem Gatter arbeitet der Hobelstahl auf der sich drehenden Trommel von rechts nach links und wieder zurück. Die Platte ist für die Prospektpfeifen vorgesehen. Mit einem Polier-

stahl wird sie abschließend auf Hochglanz gebracht. Beim Abnehmen der Platte sehen wir erst, dass noch eine Platte auf der Trommel liegt, eine konische. „Wozu denn das?“, fragen wir. „Ja, das ist so“, erklärt uns der Meister, „hierdurch können wir die Platte ausgedünnt herstellen. Sie ist im unteren Bereich 1,7 mm stark und im oberen Bereich 1,1 mm. Dadurch sparen wir ein bisschen Material, der Gewichtsdruck auf den Pfeifenfuß ist nicht so stark. Aber entscheidend ist, dass der Pfeifenkörper besser in Schwingungen gerät und somit erheblich den Klang beeinflusst. Es sind Erfahrungswerte, wir mussten uns langsam herantasten. Wenn das Material zu dünn wird, fängt der Pfeifenkörper an zu flattern.“ Wir kommen aus dem Staunen nicht mehr heraus. Damit die Platte geschützt wird, sie geht noch durch mehrere Hände, wird sie von außen mit einer Schutzschicht bestrichen.

Wir gehen nun in die Abteilung des Pfeifenzuschnitts. Der Zuschneider nimmt eine bestimmte Platte aus dem Lager und rollt sie auf seinem Arbeitstisch aus. Die Maße für die einzelnen Töne entnimmt er den Mensurentabellen. Sie beinhalten die Länge der Klangkörper sowie die Durchmesser der einzelnen Pfeifen, die Labiumhöhe und Labiumbreite, die Pfeifenfüße und die Form der einzelnen Register. Nachdem er die einzelnen Töne aufgezeichnet hat, schneidet er sie aus der Platte heraus. Lange Körper werden mittels eines Reißhakens zugeschnitten, die kleineren Töne mit einer Schlagschere. „Jede Pfeife“, so erklärt uns der Orgelbauer, „ob groß oder klein, wird hier zugeschnitten. Hier wird schon der Grundstock gelegt für den Klang des Instrumentes.“

In der nächsten Abteilung werden die zugeschnittenen Teile über Holz- bzw. Metallmodellen zu einem Körper geformt. Der Pfeifenmacher legt den zugeschnittenen Körper auf den Arbeitstisch, nimmt ein passendes Rohr und dreht nun den

Körper um das Rohr. Mit einem Klopfholz bringt er den Pfeifenkörper in seine endgültige Form. Bei großen Pfeifen müssen schon mehrere Hände kräftig zupacken. Man kann sich vorstellen, dass bei den kleinen zierlichen Pfeifen den Pfeifenmachern abends die Finger schmerzen.
Nochmals sehen wir uns im Raum um und begutachten die vielen Rundungshilfen. Wir empfinden Bewunderung dafür, mit wie viel Akribie die hölzernen konischen Modelle angefertigt worden sind.
Wir schauen zu, wie die Nahtstellen der Pfeifenkörper eine schräge Fase erhalten und dann zusammengelötet werden. Man muss schon staunen, dass bei vielen zuschauenden Augen die Hand des Pfeifenmachers nicht zittert. Ich würde mir eine Auszeit bei den vielen Besuchern nehmen, denke ich.
Meine Nerven würden mir wohl einen Streich spielen. Nach kurzer Zeit ist die Pfeife fertig. Da liegen sie nun, die Manualregister C - g^3 und die Pedalregister C - f^1, Ton für Ton auf Pfeifenbrettern sortiert. Nur die tiefen Pfeifen stehen aufrecht, in extra dafür hergestellten Regalen.
Bevor sie nun im technischen Bereich eingebaut werden, nimmt sie der Intonateur erst unter seine Fittiche. Ober- und Unterlabium sind nach dem Löten noch miteinander verbunden. Nun werden sie mit einem scharfen Messer aufgeschnitten. Er intoniert die Pfeifen vor. Die Intonation, die Veredelung des Klanges, wird aber erst in der Kirche durchgeführt.
Wir sind ganz benommen von der Vielfalt der Arbeiten. Die Königin der Instrumente, die Herstellung ihrer Pfeifen, das ist schon eine Wissenschaft für sich.

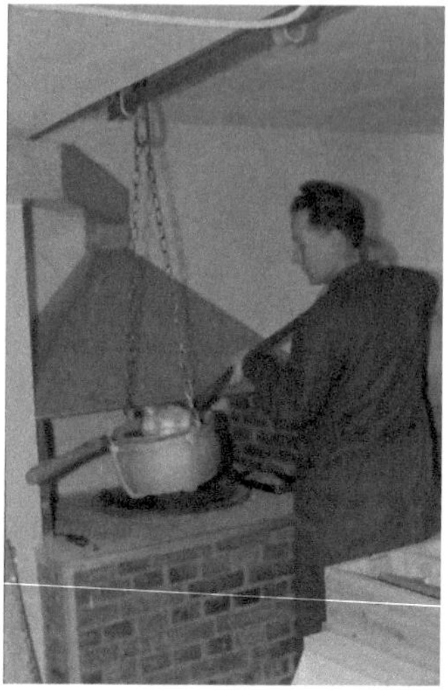
Schmelzofen und Einfülltopf

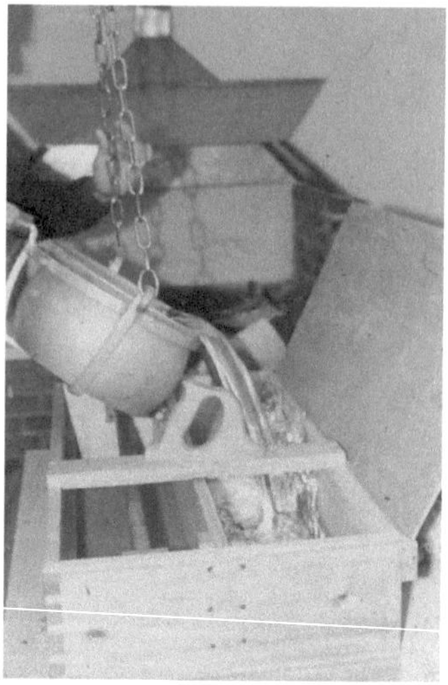
Gießlade

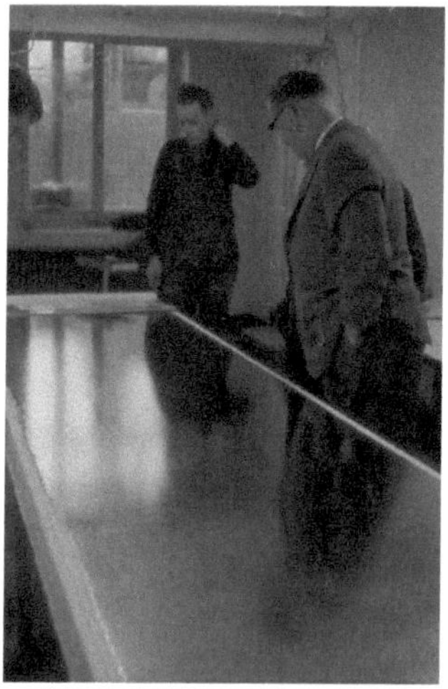
Gegossene Platte

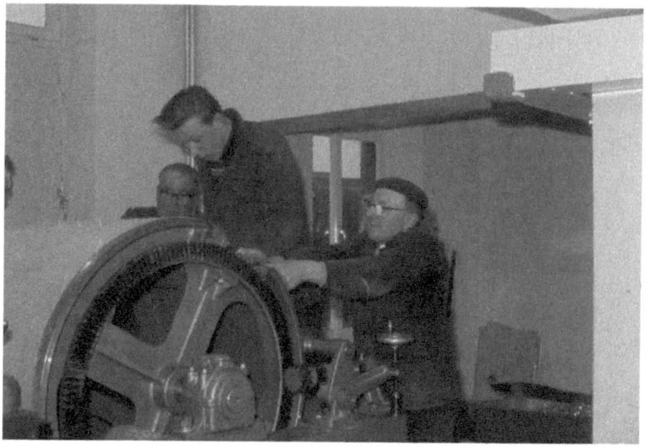
Hobelmaschine

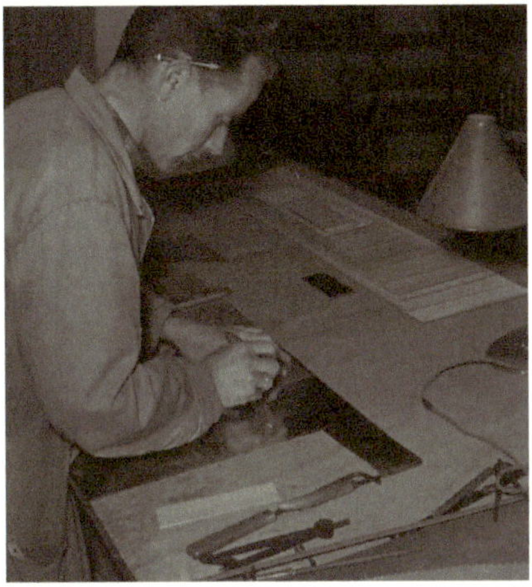

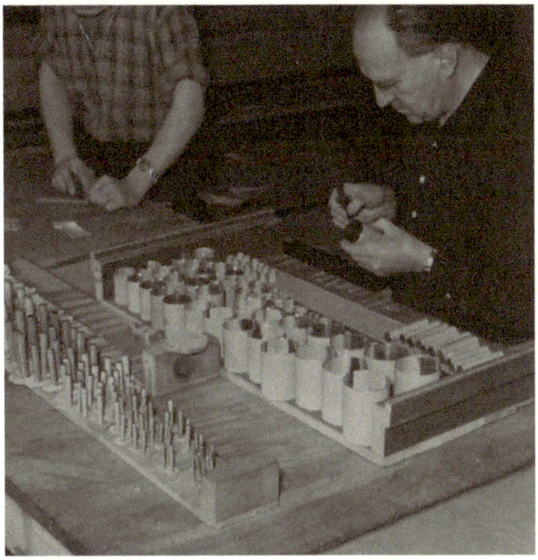

Pfeifenzuschnitt

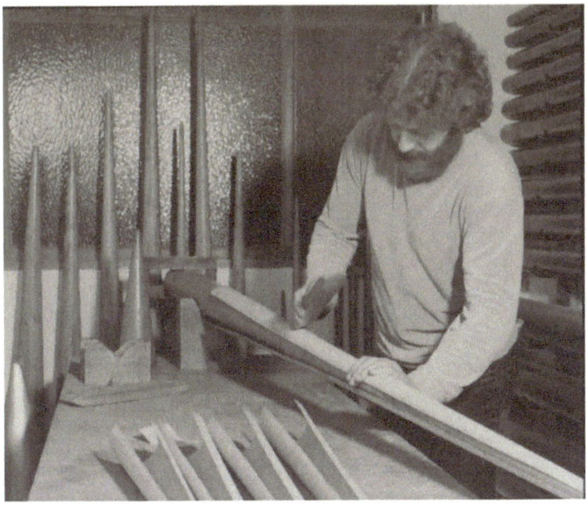

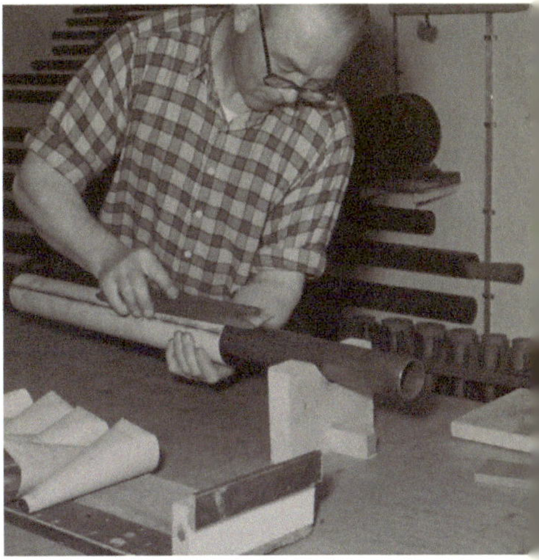

Pfeifenrundung

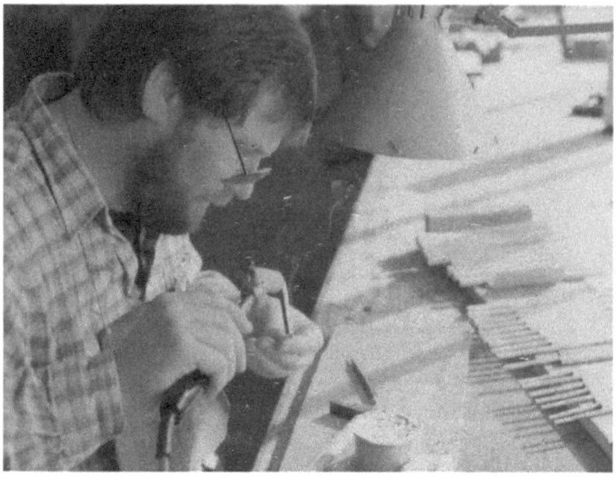

Löterei

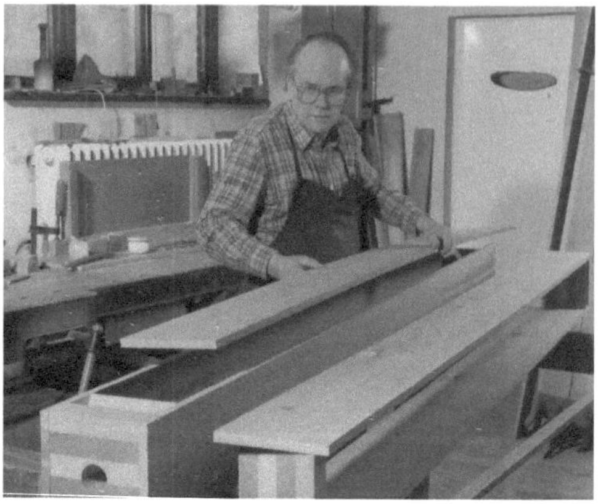

Holzpfeifenbau / Subbass 16`

Wir „betonen“ unsere Orgel

In der evangelischen Erlöserkirche bauten wir zu zweit eine neue Orgel auf. In dieser Kirche finden nicht nur Gottesdienste statt, sondern auch alles, was zum Leben dazu gehört. So erlebten wir zum Wochenende auch eine Hochzeit. Wenn jemand stirbt, wird der Verstorbene hier aufgebahrt. So geschah es einmal mitten in der Woche, in der einer Persönlichkeit ihr letztes Geleit gegeben wurde.
Wir Orgelbauer sind dann zum Nichtstun verdammt. Wir hatten schönes Wetter und machten daher einen Bummel ums Dorf. So kamen wir auch am Rande des Dorfes an einem Betonwerk vorbei. Zuerst wollten wir uns beschweren, weil uns der leichte Wind den feinen Sandstaub direkt ins Gesicht blies. Aber es kam ganz anders. Einer führt immer etwas im Schilde. Dabei dachten wir beide auf Anhieb an den Fernsehquizmaster Peter Frankenfeld. Betonwerk - das kam uns entgegen: „Was

wird denn hier ‚betont'?" „Vielleicht ein Gedicht, mit einer Melodie unterlegt?", dachte ich so bei mir.
Vor dem Werk stand ein beladener Lkw mit der rotierenden Trommel. Zwei Arbeiter, erkennbar an den blauen Arbeitshosen, und einer im guten Zwirn, vermutlich der Chef, standen bei diesem Fahrzeug. Diesen Herrn sprachen wir, keine Miene verziehend, höflich an: „Guten Tag, wir sind Orgelbauer und würden sie bitten, uns zu helfen." Er stutzte, kräuselte die Stirn, als wenn er schon ahnte, was auf ihn zukommen würde. „Können Sie mit ihrem Gemisch auch unsere Orgelpfeifen betonen?" „Einen kleinen Moment, meine Herren," antwortete er und verschwand im Werk. Uns und auch die beiden anderen Mitarbeiter ließ er wortlos stehen.
Einer von denen zeigte mit dem berühmten Finger an seine Stirn, der andere bog sich vor Lachen. Das war nicht schön. Wenn man höflich fragt, sollte man auch eine höfliche Antwort bekommen.
Wir trauten unseren Augen nicht. Der Chef kommt mit einem Eimer voll Beton zurück, drückte ihn uns in die Hand und sagte: „Beeilen sie sich, das Zeug bindet schnell ab! Die Rechnung schicke ich an die Gemeinde. Den Eimer hätte ich gerne wieder!" Da standen wir nun, wie zwei „Bedröppelte" mit guter Miene zum bösen Spiel. Wir nahmen den Eimer und zogen von dannen. Den Eimer entleerten wir auf der nächsten Baustelle, putzten ihn sorgfältig aus, denn den Eimer mussten wir ja wieder zurückbringen. Das machten wir später, als wir uns wieder beruhigt hatten.

Zwei Tage später stand in der örtlichen Zeitung, die uns der Pastor auf die Empore brachte, folgender Artikel:

Zwei Orgelbauer bitten Betonwerk um Hilfe

„Vermutlich durch einen Gehörschaden haben die Orgelbauer, die zurzeit in der Erlöserkirche die neue Orgel aufbauen, das Betonwerk um Hilfe gebeten. Sie suchten ihre nicht mehr hörbaren Töne. Darum sollten wir die Orgelpfeifen „betonen". Wir gaben ihnen unser Spezialgemisch mit, das sie versuchsweise in eine Orgelpfeife füllen sollten. Diesen Ton schnellstens auf Tonhöhe abschneiden und warten, bis das Gemisch ausgehärtet ist. Bei Gelingen wären wir bereit, sämtliche Orgelpfeifen in unser Werk zu holen und kostenlos aufzufüllen, also zu betonen, um so der Gemeinde zusätzliche Kosten zu ersparen."

Wir nahmen unseren Eimer, zudem hatten wir einen „Ohrenreiniger" in flüssiger Form eingepackt, und machten uns nach vorheriger Absprache mit dem Betonfirmenchef zu ihm auf den Weg. So freundlich sind wir lange nicht mehr empfangen worden. Unser Lachen war vor dem Werk zu hören. Hier stellte sich heraus, dass der Betonwerkschef einen guten Draht zu der überregionalen Zeitung hatte. Zum Glück verstanden Orgelbauer und der Chef des Betonwerkes diesen Spaß, sonst wäre unser Spaßvogel-Einfall à la „Verstehen sie Spaß" zu einem Bumerang geworden.

Außer Spesen nichts gewesen

Im Jahre 1965 waren wir zu dritt in Hamburg-Langenhorn. Auf der Empore, versteckt in einem steinernen Gewölbe, befand und befindet sich noch immer die Orgel. Eckige Säulen, aus Beton gefertigt, bilden vor der Orgel den Abschluss, sozusagen den Prospektersatz. Es ist ein Instrument, das die Orgelbaufirma Furtwängler & Hammer im Jahre 1931 erstellt hat. Sie besitzt 36 Register, aufgeteilt in drei Manuale und ein Pedal, mit einer elektrischen Registertraktur und einer mechanischen Spieltraktur.

Nach der Werkstattarbeit waren wir nun dabei, die überarbeiteten Orgelteile wieder einzubauen. Die Arbeit lief gut von der Hand. Wir freuten uns schon auf das anstehende Wochenende.

Harry hatte Familie und wollte nach zwei Wochen in der Fremde endlich wieder nach Hause. Kurt und ich beschlossen, nicht mitzufahren. Auf uns Junggesellen, beide Jahrgang 1942, wartete keiner. Wenn wir schon in Hamburg waren, wollten wir am Sonnabend, nach getaner Arbeit und einem ausgiebigen Vorschlaf, etwas von Hamburgs Nachtleben genießen. Harry, selbst Vater von zwei erwachsenen Söhnen, gönnte uns das Vergnügen, aber ein paar gute Ratschläge sollten wir schon befolgen. „Passt auf euer hart erarbeitetes Geld auf!", so die mahnenden Worte. „Versteckt euer Geld gut, am besten in den Schuhen, denn auf der sündigen Meile ist schon manches passiert." „Harry", antwortete ich, „mach dir keine Sorgen, wir sind doch schon volljährig und können gut auf uns alleine aufpassen." „Na gut, wenn ihr alles besser wisst, viel Glück, ich fahre jetzt nach Hause!"

Wir hatten uns landfein gemacht und fuhren mit der U-Bahn von Hamburg-Ochsenzoll in die Innenstadt. Der Hamburger Michel war unser Ziel. Nach einem Blick auf die Orgel verließen wir das Hamburger Wahrzeichen und genehmigten uns in einer kleinen Gaststätte, gleich neben dem Michel, ein paar frisch gezapfte Biere. So gestärkt und unternehmungslustig machten wir uns auf den Weg zum Heiligengeistfeld. Es war „Hamburger Dom", ein Jahrmarktsfest. Zielstrebig gingen wir an eine Bratwurstbude, denn nach den Bieren meldete sich der Appetit. Currywurst, Bratwurst und ein Schaschlik obendrauf ließen das Magenknurren vergessen. Irgendwie saß ich im Autoskooter ein bisschen verklemmt. Es passte erst nach dem ersten Rammstoß. Vergnüglich drehten wir ein paar Runden. „Was ist denn das?" – ich traute meinen Augen nicht. Ein Dreieckswinkel, genau auf meinem Knie. Ein großes Dreiecksloch in meiner Ausgehhose. Gut, dass es schon dunkel war und mein Missgeschick nicht auffiel. Heute läuft die Jugend mit löcherigen Jeanshosen herum und muss diese auch noch teuer bezahlen. Ich war damals schon ein ganzes Stück voraus. Ich hätte mir das patentieren lassen sollen!

Mit einem gewonnenen großen Teddybär beendeten wir unser Domfest, schulterten ihn wie ein kleines Kind und trabten vergnügt zur Reeperbahn, Hamburgs sündiger Meile, dem Vergnügungs- und Rotlichtviertel auf St. Pauli. Vom Star-Club hatten wir schon viel gehört und wollten dort zuerst hin. Laute, fetzige Musik, heiße Rhythmen und eine beschwingte Menschenschar begrüßten uns beim Eintritt in diesen Saal. Es roch nach verschüttetem Alkohol. Die blaue Dunstwolke tat der Liebe zu dieser heißen Musik keinen Abbruch. Ich musste meinen Teddy fest an mich drücken, sonst hätte er schnell den Besitzer gewechselt. „Die sollten hier mal Kirchenorgelmusik spielen", sagte ich zu Kurt, „dann würden wir auch einen Sitzplatz finden!" Es blieb bei diesem Wunschdenken, denn hier ertönten nur elektronische Gitarren, den Regler voll aufgedreht, dazu der ohrenbetörende Lärm des Schlagzeugers. Musiker mit langen Haaren sangen etwas Unverständliches in ihre Mikrofone. Es konnte auch nicht anders sein, immer „volle Pulle"! Dazu noch die harten Klänge der Instrumente. Ein Bier im Stehen, und wir waren wieder draußen. Die Hamburger Zeit der Beatles, die dort ihre ersten Schritte im Jahre 1961 zu ihrer Weltkarriere machten, war bei unserem Besuch schon vorbei.

Vor jeder Eingangstür der Bars und Nachtclubs stand ein Aufpasser, jemand, der uns aufforderte hereinzukommen. Wir merkten schnell, wie uns das Geld durch die Finger rann, denn nur ein Bier gab es nicht, es musste gleich ein Gedeck sein. Wir wurden vorsichtiger, schlenderten die Reeperbahn, auch liebevoll „der Kiez“ genannt, nochmals entlang. Danach statteten wir der Herbertstraße, einer für Frauen und Jugendliche gesperrten Bordellstraße, noch einen Besuch ab. Hier wechselte mein Teddy den Besitzer. Nun hatte ich ihn schon die ganze Nacht mit mir herumgeschleppt und ausgerechnet eine ältere Bordellbesitzerin schwatzte ihn mir ab. Ob er nun als Animierdame auch hinter einem der vielen Fenster sitzt?
Langsam fängt es bei uns an zu dämmern, nicht die Helligkeit ist gemeint. Trotz runder Füße wollten wir noch zum Fischmarkt. Wir gingen an der berühmten Davidswache vorbei und verließen beim Operettenhaus den Kiez. Am Bismarck-Denkmal machten wir eine Erholungspause. Mit dem Lied *„Rolling home“* grüßten wir beschwingt und beschwipst den Eisernen Kanzler. Wir wurden von einem Polizisten, dem Hüter des Gesetzes, beobachtet und in die Schranken verwiesen. „Die meisten Leute schlafen noch“, droht er mit erhobenem Finger, „eine entsprechende Ruhe ist wohl noch angebracht!“ Schlagartig waren wir hellwach. Damals hatte man noch Respekt vor unseren Ordnungshütern. Wir fragten ihn nach dem Weg und wie weit es zum Fischmarkt sei. Wir erhielten keine Antwort mehr. Es ist schon paradox, wir hatten ruhig zu sein, aber die lauten Geräusche vom Hafen und vom Fischmarkt schallten zu uns herüber. Wir schlenderten in Richtung Landungsbrücken. Ein paar „leichte“ Mädchen quatschten uns von der Seite an. „Was wollen die bloß von uns?“, amüsierten wir uns.

Es war 5 Uhr in der Früh, und die Marktschreier waren schon voll in ihrem Element. Eine fröhliche Menschenmasse, mehr beschwipst, auch in eleganter Kleidung, bevölkerte den Markt. Hier kann man alles bekommen, vom rostigen Nagel, über Fisch, Wurst und Bananen bis hin zum Pkw. Musik schallte aus allen Winkeln. Wir stürzten uns in das Getümmel. Nach einer starken Tasse Kaffee war uns, als ob wir wieder Herr der Dinge wären. Trotzdem kaufte ich an einem Kleintierstand vier weiße Mäuse und steckte sie in meine Jackentasche. Irgendwie überfiel uns die Müdigkeit, wir haben Sehnsucht nach einem weichen Bett. Wir steigen in die nächste U-Bahn. „Was willst du denn mit den Mäusen?", rief ein Fahrgast, „die vermehren sich wie verrückt!" Ich hatte nichts Eiligeres zu tun, als ihnen die Freiheit zu schenken. Ich ließ sie einfach in der Bahn laufen. Das Kreischen der jungen Damen klang wie Orgelmusik, so als ob der Organist nur die Mixturen im Einsatz hat und nicht die richtigen Tasten findet, also voll danebengreift. Jauchzendes Durcheinander! Es war nicht auszuhalten. An der nächsten Station verließen wir fluchtartig die Bahn. Böse Blicke und Drohgebärden verfolgten uns bis zum Ausgang der Bahnstation. Die nächste Bahn brachte uns endlich zum Ziel.

Der nächste Tag brachte uns die Ernüchterung. Wir konnten unsere Taschen umdrehen, wie wir wollten. Nur noch ein bisschen Kleingeld kam zutage. Wo war unser sauer verdientes Geld geblieben? Betretene Mienen, wir wollten uns doch noch das Fußballspiel des FC St. Pauli ansehen.

„Was nun?" Knapp 3 DM hatten wir damals in der Stunde brutto verdient. Das sind bei 200 Stunden pro Monat 600 DM. Für Unterkunft und Verpflegung hatten wir Firmengeld mit. Das war irgendwie in unserem nächtlichen Treiben mit versickert. Ein schlechtes Gewissen übermannte uns. Irgendwie musste Harry uns einen Vorschuss mitbringen. Sollten wir in der Firma

anrufen? Womöglich wäre der „Alte“ in der Leitung. Auf keinen Fall sollte er davon erfahren. Wir riefen am heiligen Sonntagabend unseren Harry zu Hause an und beichteten kleinlaut unseren nächtlichen Bummel mit dem „verlorenen“ Geld. Wir wussten nicht, was er gedacht hat, aber am nächsten Tag drückte er uns ein paar Scheine in die Hand mit der augenzwinkernden Bemerkung: „Na Jungs, war's schön und habt ihr allerhand erlebt?“ Wir hatten mit einem „Donnerwetter“ gerechnet, aber im Nachhinein hatte er uns den Nachtausflug gegönnt.
So nach und nach erzählten wir ihm bei der Orgelüberholung unsere Erlebnisse. Trotzdem konnten wir nicht aus ihm herauskitzeln, wie er das mit dem Geld gemacht hat. Bei der nächsten Monatsabrechnung hatten wir es schwarz auf weiß: „Abzüglich Vorschuss!“ Außer Spesen nichts gewesen!

Das Traumkonzert

Zu dritt in Hamburg

Die Anschaffung einer neuen Orgel ist für viele Gemeinden nicht einfach zu finanzieren. So etwas kann auch zu einem Kraftakt werden. Es wird in der Gemeinde gesammelt, Unternehmen werden angesprochen, Paten gesucht für Orgelteile, meistens für die großen Pfeifen. Auch werden Benefizkonzerte veranstaltet. Alte Orgeln werden noch zu barer Münze gemacht. Nicht zu vergessen ist die Sammelbüchse in der Kirche. Der Preis für das neue Instrument ist veranschlagt. Sparen kann man eigentlich nur noch bei der Unterbringung und Verpflegung der Orgelbauer. So wurden die Orgelbauer im Gemeindehaus untergebracht.

Zu dritt in einem Raum. Die Einzelbetten aufgestellt wie im Krankenhaus, ein Stuhl, daneben das Bett, ein bisschen Freiraum und dann wieder Stuhl, Bett usw. Vorausgesetzt, man hat genug Platz. Die Mamsell wird durch die Orgelbauer ersetzt. Was zu Hause das geliebte Weib macht, hier dürfen wir uns selbst beweisen.
Anstrengend war der heutige Tag. Treppauf, treppab, mit jedem Schritt wurden die Füße schwerer. Alle Orgelteile mussten auf die Empore gebracht werden. Die sperrigen Orgelteile, die wir nicht über die Treppe hinaufbringen konnten, mussten über die Emporenbrüstung gewuchtet werden. Wir freuten uns am späten Abend auf unser Bett.
„Na, Jungs, schlaft man schön!" Das Langmachen tat gut. Die müden Glieder entspannten sich. Ich rollte mich fest in meine Bettdecke ein und versuchte, so schnell wie möglich einzuschlafen. Bei drei Orgelbauern schnarcht immer einer. Kaum habe ich das gedacht, kommen von der anderen Seite knarrende tiefe Töne. Ich ziehe die Bettdecke noch höher, ein Ohr auf das Kopfkissen, das andere zugedeckt. Nach einem Fluch in Richtung störende Ecke muss ich wohl gleich eingeschlafen sein.

„Ich traue meinen Augen nicht. Buntgeschmückte Pferdewagen halten vor dem Kirchenportal. Elegant gekleidete Menschen gehen hinein. Sieh mal, meine Arbeitskollegen! Die erkennt man gar nicht wieder. Alle im guten Zwirn. Wo kommen sie denn her? Da, mein Chef, zwischen Pastor und Organist betritt er die Kirche. Die Glocken läuten. Damit ich nichts verpasse, ziehe ich mich schnell an, renne durch das Gemeindehaus und hinauf zur Empore. Seitlich der Orgel, in einer schattigen Ecke, nehme ich Platz. Von hier kann ich alles gut überblicken. Rechts neben der Organistin sitzt unser Intonateur. Wieso ist die Orgel denn schon fertig? Ich kann gar nicht richtig folgen. Die Glocken hören auf zu läuten. Der Pastor betritt die Kanzel und spricht zu der Gemeinde. Dann mein Chef. Er geht zu dem kleinen

vor dem Altar aufgebauten Stehpult und richtet ein paar Gruß- und Dankesworte an die Gemeinde. Der Kirchenchor stimmt ein. Siehe, Mäuse! Wo kommen die denn her? Sie stehen auf den Hinterbeinen, fassen sich an und tanzen um die Orgel. Lustig anzusehen, trotzdem verscheucht sie jemand. Blitzartig haben sie sich in der Orgel versteckt. Wenn das nur gut geht, denke ich bei mir. Wieder spricht der Pastor zur Gemeinde. Nun lassen wir die Orgel erklingen und zu Ehren Gottes jubilieren. Die Organistin greift in die Tasten. Nichts passiert. Ein Raunen geht durch den Kirchenraum. Noch einmal versucht die Organistin ihr Glück. Nichts! Wie von Geisterhand laufen die Mäuse über die Manualklaviaturen, über die Pedalklaviatur und das Notenbrett. Ich kann es gar nicht beschreiben, überall Mäuse, Mäuse, Mäuse. Die Organistin schreit auf und verlässt fluchtartig die Kirche. Die Mäuse versammeln sich auf der Emporenbrüstung und stimmen ein Mäuselied an. Ich nehme ein Gesangbuch zur Hand und werfe es in ihre Richtung. Es verfehlt die kleinen Nagetiere, klirrend zerbricht eine Fensterscheibe, ein kalter Luftzug streift mein Gesicht."

Schweißgebadet wachte ich auf. Ich saß aufrecht in meinem Bett. Heiß und kalt lief es mir den Rücken herunter. Verwundert hörte ich Mäusegesang. So ein komisches Piepen und Knirschen in höchsten Tönen. Was war denn das?
Die Orgeleinweihung muss ich wohl geträumt haben, aber die Mäuse? Auf leisen Sohlen stand ich auf, bloß kein Licht anmachen, womöglich hätte ich noch die kleinen Mitbewohner verscheucht. Das hereinbrechende Licht reicht vollkommen aus. Auf allen Vieren kroch ich durchs Zimmer. Nichts ist zu erkennen, aber ich konnte sie deutlich hören. Es ist wie zum Verrücktwerden. Ich hatte mein Bett fast auseinander genommen, aber das Geknirsche war immer noch deutlich zu hören. Nun wurde es mir zu bunt. Ich machte Licht und weckte damit einen Arbeitskollegen auf. „Du, Bernd, hörst du das auch? Mäuse!" Gemeinsam gingen wir den Geräuschen nach. „Bingo! Ent-

deckt! Hör mal, hier." Als wolle das Gebiss einen harten alten Brotkanten zermahlen, so schiebt sich Kiefer gegen Kiefer, Zahn gegen Zahn. Das ist das laute Knirschen, was wir vernommen hatten. Das Knirschen zeugt von emsiger Zahnarbeit, aber unser Kollege schläft wie ein Murmeltier. Jetzt wissen wir, warum ihm die Kiefernmuskeln und Gelenke schmerzen. Er wollte schon immer einmal zum Ohrenarzt. Nix, er muss zum Zahnarzt!

Die „verstimmte" Haarpracht

Wir waren in der neuen Kreuzkirche der Baptistengemeinde zu Oldenburg. Die Orgel wurde in der Werkstatt umgebaut, generalüberholt und wieder eingebaut. Wir waren begeistert von der Kirche und von ihrem Innenausbau. „Die hölzerne Decke, aus Profilhölzern gefertigt, wer hat die wohl eingebaut?", fragten wir uns. Es waren Zimmerleute, die die schräg und spitz zulaufenden Deckenteile sauber und handwerklich genau eingearbeitet hatten. Der federführende Architekt muss wohl ein gutes Händchen bei der Auswahl der handwerklichen Unternehmen gehabt haben. Er lies auch nicht lange auf sich warten, stellte sich vor und war sehr wissbegierig. Bei so viel Fragerei kann er nun sicherlich auch über eine Orgel urteilen. Ob er wohl alles behalten hat?
Eines Abends hatte sich Folgendes zugetragen. Wir hatten schon Feierabend und begutachteten das Taufbecken. Wir ließen warmes Wasser hinein, badeten unsere geplagten Füße darin und ließen es uns mit einem würzigen, braunen Getränk gut ergehen. Auf einmal wurde die Tür aufgeschlossen. Unser Architekt wollte noch einmal nach dem Rechten sehen. „Was

macht ihr denn da?“ - so sein Ausspruch. „Wir testen das Becken, ob es dicht ist.“, antworteten wir. „Ich hole mir nur ein Glas, dann setze ich mich zu euch.“ Gesagt, getan. Da waren nun sechs Beine im Taufbecken und hofften innig, dass wir nicht noch mehr Besuch bekommen. Wir unterhielten uns nicht nur über den Orgelbau. Unser Interesse galt auch den Baptisten. Er erzählte uns, dass Baptisten evangelisch sind und dies eine evangelisch-freikirchliche Gemeinde ist. Sie sind vom Staat nicht abhängig und leben nicht von Steuern. Sie finanzieren ihr Gemeindeleben und ihre Arbeit durch Spenden und Beiträge, wie das jeder Sportverein macht. Und jetzt kommen wir auf das Taufbecken zu sprechen. Alle Baptisten legen Wert auf eine freie und mündige Glaubensentscheidung. Darum werden nur erwachsene Personen aufgrund ihrer persönlichen Überzeugung getauft. Deshalb werden auch keine Säuglinge getauft. Der Täufling wird durch komplettes Untertauchen getauft. Deshalb befindet sich hier das große Taufbecken, fast wie ein kleines Schwimmbad, in das Täufer und Täufling gemeinsam steigen. „Rolf, bist du schon getauft? Wenn nicht, mache ich das jetzt mit dir.“ Mein Arbeitskollege machte keine Anstalten, meiner Forderung zu folgen. „Schenke uns lieber noch einen ein,“ so Rolf, „dann kommst du wieder auf andere Gedanken.“ Ich hätte ihn gern mit allen Klamotten unter Wasser gedrückt. Er wirkte, als ob er das ahnte. Ob ich wohl einen Verbündeten hätte? Unser Architekt fand das sehr belustigend. Weiter fuhr er fort, dass eine Taufe jedes Mal ein großes Freudenfest für die Gemeinde sei. Deshalb werde der Gottesdienst festlich gestaltet. Dazu kämen viele Freunde und Verwandte. In der Regel schließe sich ein gemeinsames Essen an. Dafür hätten wir den Gemeindetrakt gebaut, den wir für unsere Orgeleinbauzeit in Beschlag genommen hätten. Wir Orgelbauer dankten dafür, hofften aber, dass wir nach getaner Arbeit und vor der Gotteshauseinweihung nicht noch extra getauft werden. Wir sind Nichtschwimmer!

„Aber eine Frage habe ich noch," so unser Architekt, „warum macht ihr nur den technischen Aufbau und nicht den musikalischen Teil?" Wir drucksten herum, wollten uns keine Blöße geben, dass das nicht unser Gebiet ist, dass wir es auch nicht können. Ein grandioser Einfall kam uns zu Hilfe. „Musikalische Arbeit, dieses anstrengende Hören, immer voll bei der Sache sein, all das ist nicht ganz so einfach und kann auch körperliche und geistige Schäden hinterlassen," antworteten wir. „Ein Intonateur, so heißen die Leute, die der Orgel den musikalischen Charakter geben, kann nach Feierabend keinen Spaß mehr vertragen. Als Ausgleich will er nur Skat spielen. Einem anderen zittern die Finger, es kann auch noch passieren, dass die Haare ausgehen." Rolf hat gewusst, wer die Intonation macht. Wir wussten, wie unser Intonateur aussieht, und mit voller Haarpracht haben wir ihn nie gesehen. Es kam, wie es kommen musste. Nach Fertigstellung der Orgel mussten wir uns daheim einiges anhören. Das amüsante Donnerwetter nahmen wir lachend zur Kenntnis. Aber irgendwie war unser Intonateur doch leicht verstimmt. So oder so. Und das noch mehr, als die Gemeindeglieder unsere Aussage bekräftigten, dass bei der musikalischen Tätigkeit die Haare ausgehen könnten. Bei so einer Aussage könnte man sich die Haare raufen, oder die Haare würden einem zu Berge stehen, was allerdings im Fall unseres Intonateurs leider nicht mehr ging.

Das Beichtgeheimnis

Als evangelisch-lutherischer Christ in einer katholischen Kirche zu arbeiten, ist eigentlich nichts Ungewöhnliches. Es gibt aber verschiedene Rituale, die wir näher betrachten wollen.
So unterhalten wir uns auch über die Beichte und wollen Näheres wissen. Da wir nicht den Mut haben, einen Geistlichen zu diesem Thema zu befragen, kommt uns der Zufall zu Hilfe.
Wir finden ein Gebetbuch, in dem auch der Ablauf einer Beichte beschrieben ist.
Wir, Rudolf und ich, bauen in einer katholischen Kirche die neue Orgel ein. Bei Messen, vormittags und auch am späten Nachmittag, müssen wir unsere Arbeit immer wieder unterbrechen.
Das Wetter lädt nicht dazu ein, frische Luft zu schnappen. So bleiben wir in der Kirche und beschäftigen uns mit anderen harmlosen Dingen. Wir sortieren Schrauben. Aber wie der Teufel es will, rutscht das Brett, auf dem das ganze Sortiment der Schrauben liegt, seitlich weg, und mit allerhand Getöse und Gepolter stören wir doch die Messe. Alle Gläubigen schauen zur Empore, der Herr Pfarrer mahnt zur Ruhe.
„Ach Rudi, mach dir keine Sorgen, nach der Messe kannst du ja beichten und die ganze Angelegenheit ist aus der Welt." Ich erhalte keine Antwort. In der Kirche ist es sehr hellhörig, auch unser leises Sprechen wird als störend empfunden.
Nach der Messe entschuldigen wir uns beim Pfarrer. Nun hatte ich gehofft, dass Rudi den Beichtstuhl betritt und mit drei „Vaterunser" bestraft wird, aber nichts, er kneift.
Ich erzähle ihm, dass in den evangelischen Kirchen, wir beide sind evangelisch erzogen, neben der Privatbeichte, die sogenannte allgemeine Beichte im Rahmen eines Gottesdienstes an-

geboten wird. Ein nicht gerade freundlicher Blick von ihm bestraft mein Bemühen.
Noch einmal probiere ich es. „Mein lieber Rudolf“, beginne ich mit sehr ernsthaftem Ausdruck, „die Beichte ist das mündliche Eingeständnis einer schuldhaften Verfehlung. Wer hat denn den Krach mit den Schrauben verursacht? Deine Verfehlung kannst du beim Pfarrer im Beichtstuhl beichten. So einfach ist das!“ Mein Rudi wehrt sich dagegen. „Wo kommen wir denn hin, wenn ich jede Kleinigkeit beichten soll. Ich habe doch keinem einen Schaden zugefügt!“
An seinem Gesichtsausdruck kann ich erkennen, dass er etwas im Schilde führt. Er druckst so komisch herum. Fühlt er sich nicht wohl in seiner Haut? Auf einmal platzt er heraus: „Bernd, was hältst du davon, wenn du der Beichtvater bist und ich dir die Schraubengeschichte beichte?“ „Das ist mir zu wenig“, antworte ich, „du kannst noch mehr erzählen, was du alles so ausgefressen hast.“
Wir betreten den Beichtstuhl, ich als Beichtvater nehme den linken Eingang, Rudolf, der arme Sünder, den mittleren Teil. Vorsorglich habe ich das Gebetbuch mitgenommen, wo der Ablauf einer Beichte beschrieben ist.
Ich begrüße den beichtenden Sünder und bitte ihn, die volle Wahrheit zu sagen. Er antwortet: „Im Namen des Vaters und des Sohnes und des Heiligen Geistes. Amen.“
Ich muss mich sehr zusammenreißen, um nicht einen Lachkrampf zu bekommen. Woher weiß er das? Hat er vielleicht auch ein Gebetbuch mit?
Ich traue mir nicht mehr, den nächsten Gottessatz zu sagen und antworte nur „Amen.“ Nun beichtet er mir von dem Malheur mit den Schrauben. Ich vergebe ihm die Sünden. Auch bittet er um Gnade, dass er und ich dazu den Beichtstuhl benutzen. Nach seiner Reue sage ich: „Ich spreche dich los von deinen

Sünden.“ Bei „Gehe dahin in Frieden“ wird schlagartig die Tür aufgerissen, aber nicht von Rudolf, sondern der Herr Pfarrer steht nicht gerade freundlich vor uns.
„Wenn ihr schon beichtet“, schimpft er mit uns, dann haltet wenigstens die Regeln ein. Der Beichtvater sitzt im mittleren Bereich des Beichtstuhls, und der Beichtende links oder rechts.
Wir stehen da wie begossene Pudel. Was nun? Nachdem wir uns von dem Schreck erholt haben, gehen wir wieder unserer Arbeit nach, als wäre nichts gewesen.
Wir brauchen uns keine Sorgen zu machen, denn der Herr Pfarrer unterliegt dem Beichtgeheimnis. Wenn unser Chef zufällig von unserer Beichte etwas erfährt, so ist er ebenfalls zum Schweigen verpflichtet. So steht es in diesem Gebetbuch.
Wir haben ein paar Tage später mit dem Pfarrer und seinem Vikar eine kleine flüssige Bußfeier durchgeführt. Dabei ist herausgekommen, dass er uns vom Anfang bis zum Ende belauscht hat. Er saß ein paar Bänke weiter, betend hinter einer Säule. Er war für uns nicht zu sehen. Aber er hat es uns gebeichtet.

Freddys Orgel?

Oder: Vom Trümmerhaufen über eine Bratwurstbude zur spielbereiten Orgel.

Ein Trümmerfeld von einer seitlich spielbaren Orgel liegt vor unseren Füßen. Beim nochmaligen genaueren Hinsehen sieht es so aus, als ob alles nicht so planlos eingelagert worden ist. Nur aus Platzgründen liegt es ein bisschen durcheinander. Zum Glück ist das Pfeifenwerk in Kisten verpackt, und die großen Pfeifen stehen ordentlich in einer Kellernische. Wir, Peter und

ich, holen die zerlegte Orgel aus ihrem dunklen Verlies und bringen sie zur Kirche.
Es ist eine moderne Kirche aus Beton, alles eckig und kantig. Sie wirkt gefühllos und kalt. Ob es wohl besser wird, wenn wir die Orgel aufgebaut haben? Wir schaffen die Orgelteile auf die Empore und beginnen mit unserer Arbeit. Zuerst bauen wir das tragende Gerüst auf und befestigen darauf die Windladen. Der zweimanualige Spieltisch wird seitlich eingebaut. Das Gehäuse ist unvollständig. Es fehlen die obersten Seitenwände, ein Teil von der Rückwand und der Gehäuserahmen für das Prospektfeld. Wir können nichts Künstlerisches schaffen, bedingt durch die Konstruktion der Orgel mit dem vorgegebenen Prospektfeld. Ein dortiger Handwerksbetrieb hilft uns bei der Anfertigung der fehlenden Teile. Schnell ist alles zusammengebaut. Wir können die Prospektpfeifen einbauen. „Gar nicht so schlecht - unser neues Werk," rufe ich meinem Arbeitskollegen zu, „nur, die Orgel sieht von vorne wie eine Bratwurstbude aus!" Das ist uns egal. Wir werden schon ein schönes klingendes Instrument daraus machen. Mein Arbeitskollege Peter wohnt in Hamburg. Ich habe Quartier im Gemeindehaus bezogen. Da ich keine Lust hatte, alleine die Stadt nach Feierabend zu erkunden, arbeitete ich abends ein bisschen länger. Die restliche Zeit wurde mit Lesen verbracht. „Was ist denn das?" In einer Jugendschrift fand ich auf einer Doppelseite Freddy Quinn, die Gitarre und das Meer, gut einen Meter hoch.

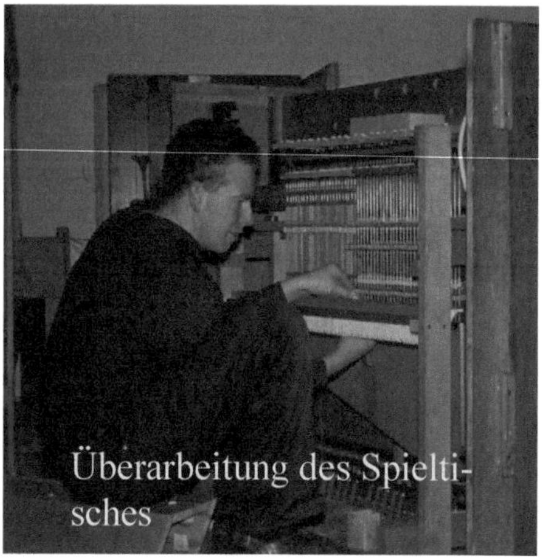

Überarbeitung des Spieltisches

„Mensch, Bernd, den als Gag auf unserer Orgel", sprach ich zu mir. Der Organist ist doch ein fröhlicher Mensch. Er wird diesen Streich sicherlich mitmachen. Ich hatte viel Zeit nach Feierabend und rückte Freddy zu Leibe. Nachdem ich ihn auf einer Hartfaserplatte aufgeleimt und per Dekopiersäge ausgeschnitten hatte, stellte ich ihn probeweise auf das Dach der Orgel. Man konnte ihn vom Kirchenschiff aus gut erkennen. Ich rieb mir schon die Hände. Irgendwie musste ich den Gitarrenspieler beweglich, also zum Auf- und Niederklappen, einrichten. Hier kam mir der Zufall zu Hilfe. Ein Registerzug war vakant. Mit Gelenkrollen und Drähten gelang mir mein Streich. Der Registerzug bekam das Registerschild „Heimweh". Beim Ziehen dieses Zuges erschien Freddy auf dem Dach, und beim Abstellen fiel er mit lautem Getöse wieder zurück. Hurra - es funktioniert! Bei einer lustigen Runde wurde der Organist eingeweiht. Nun hatte ich einen Verbündeten. Mein Organist schlug sich auf die Oberschenkel und freute sich wie ein kleines Kind. Zugegeben, wir beide, Mann im Kind, haben selten so viel Spaß gehabt!

Der Tag der Orgelabnahme nahte. Zu diesem Ereignis kam extra unser Chef aus Wilhelmshaven. Hinzu kamen noch der geschäftsführende Pastor und der Orgelsachverständige aus dem Hamburger Kirchenkreis. Alles lief zu unserer Freude ohne Beanstandungen ab. Na ja, hier und da gab es noch etwas zu verbessern, aber das haben die Vorgesetzten so an sich. Das war nicht der Rede wert. „Herr Führer, Herr Führer," so unser Organist, „sie müssen noch unbedingt diesen Registerzug betätigen!" Mit Zögern ergriff unser Chef den Knopf, und dann stand Freddy - mit einem Nachfedern - plötzlich auf der „Bühne". „Was soll das?", so unser Chef. „Sie müssen weiter zurücktreten", antwortete der Organist, „sonst können sie nichts erkennen!" Die Zornesröte schoss unserem Chef ins Gesicht. „Das

Ding kommt da sofort wieder herunter!“, polterte er los. Er packte mich am Ärmel und draußen vor der Kirche faltete er mich zusammen. Sein Groll war nicht von schlechten Eltern! „Womöglich noch während der Arbeitszeit und alles von meinem Geld“, sprudelte es aus ihm heraus! Trotzdem, er war ein Diplomat. Nicht vor allen Leuten hat er mich heruntergeputzt. Beide konnten wir uns vor Lachen nicht mehr halten. Abnehmen musste ich ihn, so traurig der Organist auch war, unser Chef hatte kein Erbarmen. Zum Glück hat er den uns lieb gewonnenen Freddy nicht in sein Auto verfrachtet. Unser Chef verabschiedete sich. Man konnte seinem Gesicht ansehen, was er wohl dachte. Auch wir packten unsere Siebensachen, aber nicht ohne unseren Freddy wieder auf das Orgeldach zu setzen.

Eine widerspenstige Holzpfeife

Tagelang, nein, besser gesagt wochenlang, „juckte“ es uns in den Fingern, den Intonateuren eins auszuwischen. Bei einer größeren Orgel, wo die Pedalwerke in C- und Cis-Seite angeordnet sind, ist es mir schon gelungen. Ein Papierstück, eingeschoben zwischen Windlade und Holzkanal, schwächte den Wind so weit ab, dass die Pfeifen nicht mehr voll zum Erklingen kamen. Es trieb den Intonateur fast zur Weißglut, bis ihm einfiel: „Das können die Techniker doch viel leichter beheben!“ In fünf Minuten war alles behoben, und unser Intonateur sagte nur: „Warum nicht gleich so!“ Dieser Schlaumeier.
Das neue Ziel war, eine Holzpfeife im Körper auf halber Länge mit einer Plexiglasscheibe zu versehen, damit aus dem Ton des Gedackt 8` eine Oktave 4` wird, also der Ton würde dann eine Oktave höher erklingen. Wir, ich hatte noch einen Mitstreiter, wollten das schon des Öfteren in der Werkstatt ausführen, aber

dann wäre der Gag schon bei der Vorintonation aufgeflogen. Nur wäre es hier ein Leichtes gewesen, bei der Verleimung der Holzseiten das durchsichtige Teil mit einzufügen.
Wir sind kurz vor der technischen Fertigstellung einer neuen Orgel. Die Intonateure sind auch schon da, weil, wie so oft, die Zeit drängt. Sie spannen uns Techniker in ihre Arbeit mit ein. Gemeinsam ist es leichter und angenehmer, die großen und schweren Pfeifen einzubauen. Im Brustwerk ist das Register Gedackt 8` platziert. Die tiefen Töne C bis H sind seitlich abgesetzt, da sie auf der Windlade nicht ausreichend Platz haben. Das ist die Chance! Unsere Blicke sagen alles. Wir sind uns sofort einig. Der Intonateur hat vom Gedackt 8` den Ton F auf seinem Arbeitsplatz liegen, schneidet das Labium auf die gerechte Größe, feilt die Kernspalte nach und schraubt, nachdem er die Pfeife mit dem Mund angeblasen hat, den Vorschlag wieder auf. Statt sie gleich wieder einzubauen, nehme ich sie in einem unbeachteten Moment mit zu meinem Arbeitsplatz, der nicht von den Intonateuren einzusehen ist. So können wir in Ruhe die vorgefertigte Scheibe einbauen. Da sie immer wieder verkantet, haben wir viel Mühe, dieses Teil richtig zu postieren. Aber es gelingt. Nachdem wir wieder den Stöpsel eingesetzt haben, bauen wir die Pfeife ein, als ob nichts passiert wäre. Das Register ist fertig eingebaut. Um sie zu intonieren, baut er erst noch das nächste Register, eine Flöte 4`, ein. Seine Hände gleiten über die Tastatur. Er intoniert vorerst die Pfeifen von c° bis zur letzten, dem f^3, die tiefen Töne zuletzt. „He, Techniker, was ist mit dem F? Steht die Pfeife nicht richtig drin?“ Wir ließen uns nichts anmerken. „Das ist doch deine Arbeit!“ „Was ist das eigentlich für ein Ton uns gegenüber?“ Das Wortgeplänkel nahm kaum ein Ende. Er beruhigte sich zusehends. Wir hörten ihn werkeln. „Ausgerechnet der Ton F! Alle anderen muss ich wieder ausbauen! Wie komme ich da sonst heran?“ Er schimpft

und flucht. Nun hat er das gute Stück in seinen Händen. Klopft die Pfeife ab. Sollte sie doch irgendwo defekt sein? Er zieht den Stöpsel heraus und hält die Pfeife ans Licht. Nichts ist zu erkennen. Wieder schraubt er den Vorschlag ab und versucht die unmöglichsten Dinge, um die Pfeife auf die richtige Tonhöhe zu bekommen. Wir ahnen Böses. Kaum zu Ende gedacht, schmeißt er die Pfeife auf den Emporenboden. Sie fliegt über die Emporenbrüstung ins Kirchenschiff. Da liegt sie nun, das teure Stück, zerlegt in tausend Einzelteile. „Scheiß Pfeife!" Wir merken, dass er stinksauer ist.

Wir Techniker sind die Leitragenden. Behutsam sammeln wir die Einzelteile wieder auf. Die Plexiglasscheibe verschwindet schnell in unserer Werkzeugkiste. Mit allerlei Tricks leimen wir die Holzpfeife wieder zusammen. „Intonateur: Nimm die Finger von der Pfeife, das bringen wir wieder in Ordnung, bevor du noch mehr Schaden anrichtest."

Oh, welch ein Wunder! Die Pfeife klingt besser als je zuvor. Er brauchte sie nur noch zu stimmen.

Abends, in fröhlicher Skatrunde, kam das Thema wieder auf den Tisch. Schlagartig flogen die Karten durch die Gegend. Er wollte nichts mehr davon wissen. „Also", so fing ich an, „wenn mir das passiert wäre, hätte ich den Stöpsel herausgenommen und etwas Schweres, zum Beispiel einen Hammer oder ein Tastengewicht, hineinfallen lassen. Aber auf so etwas kommt der Herr Meister gar nicht!" Wenn Blicke töten könnten! „Das habe ich mir doch gleich gedacht", antwortete er wütend, „dass daran etwas faul ist." Darum habe ich die Pfeife auch ins Kirchenschiff geworfen, damit ich euch für euer Tun bestrafen kann!" Schlagfertig ist er ja, aber der nächste Streich wartet schon auf ihn!

In der Kürze liegt die Würze

Dass Kalkulatoren, also die Leute, die die Kalkulation machen müssen, sich von der übrigen Arbeitswelt abschotten, ist verständlich. Denn zum Schreiben, Rechnen, Überlegen, Skizzieren, Nachdenken und zu vielem mehr braucht man eine gewisse Ruhe. So erhielt bei uns der Erkerraum des Großbüros ein kleines schnuckeliges Kalkulationsbüro. Nun war man ungestört und konnte ohne Ablenkung seine herausfordernde Arbeit konzentriert angehen. Nur das Telefon wurde manchmal als störend empfunden. In diesem Erkerraum waren die Fenster im rechten Winkel angeordnet. So hatte man nach vorne hin einen herrlichen Blick zur Straße und seitlich zur Orgelwerkstatt. Aber umgekehrt war es auch so, dass Besucher und nicht arbeitende Menschen den Kalkulator bei seiner geistigen Arbeit sehen konnten, und zwar auch seine Arbeitskollegen, ganz besonders die Orgelpfeifenmacher, die hinter einer Glasfront von oben in das Büro hineinschauen konnten. Wenn im Sommer die Sonne zur Mittagszeit auf das trapezförmige Teerdach des Erkerbüros brannte, entstand schnell eine warme, verbrauchte Luft. Auch das auf „Kipp" gestellte Fenster brachte nicht genug Frischluft. Der Körper verlangte Flüssigkeit oder etwas ganz anderes. So hat sich etwas zugetragen, das man immer wieder „aufs Brot geschmiert" bekommt.

Wir Orgelbauer machen an einem Sonnabend mit acht Mann einen Ausflug per Canadier. Dabei sind auch zwei Mann aus der Orgelpfeifenwerkstatt, diejenigen, die hinter dieser großen Glasfront arbeiten. Wir sind sehr lustig bei unserer Paddelei. Viele Geschichten werden erzählt. So auch, dass Büroschlaf der gesündeste sein soll. Ich, der Kalkulator, sitze hinter den Pfeifenmachern. Sie sind sehr lustig und nehmen mich aufs Korn,

was ich zu diesem Zeitpunkt überhaupt nicht bemerke. Ich hatte mehr an einen Spaß gedacht. Nach einer ausgiebigen Rast bekomme ich etwas in die Hand gedrückt, liebevoll eingepackt in braunem Packpapier, mit einer aus rotem Filzband gefertigten Schleife. „Wenn das der Alte sieht, meine Herren, wie ihr mit dem Orgelmaterial umgeht! Habt ihr das auch beim Lagermeister bezahlt? Ihr braucht mir doch nichts mitzubringen, nur weil ich den Canadier besorgt habe!" Sie ließen sich gar nicht aus der Ruhe bringen. „Nimm, sagten sie, du wirst dich sicherlich freuen!" Behutsam packte ich das Dankeschöngeschenk aus. Eine Lage Packpapier reichte ihnen nicht, es mussten ja gleich mehrere sein.
Was sehe ich da? Einen uralten Schlips und ein Plastiklineal von ca. 35 cm Länge. „Was soll ich denn damit?", rief ich ihnen zu. „Tja", so die beiden Pfeifenmacher, just in dem Moment, als du kurz im Büro eingenickt bist, schauten wir zu dir hinüber. Du bist mit deinem Kopf fast auf die Schreibtischplatte gekommen, aber kurz davor bist du schreckhaft wieder hochgeschnellt. Es waren nur Bruchteile von Sekunden, aber genau das haben wir gesehen. Darum nun Schlips und Lineal. Den Schlips bindest du um, und das unterste Ende verklemmst du mit der Schubkastenlade. Das Lineal klemmst du zwischen Schreibtischplatte und deine Stirn. So kannst du ruhig einschlafen, und dein Kopf kann dann nicht auf die Platte schlagen. Das ist nur eine Vorsichtsmaßnahme!" Ich kam aus dem Staunen nicht mehr heraus. Diese Lausekerle! Sie sollen arbeiten und nicht aus dem Fenster schauen. „Und du solltest bei der Arbeit nicht einschlafen!", reagierten sie lachend. Da hatte ich mein Fett weg. Ein paar Tage später habe ich mir als Sonnenschutz eine Jalousie in die Fensternische einbauen lassen. Aber nur zur Werkstatt hin, den freien Blick zur Straße wollte ich weiter genießen.

Eine Langschlafübung?

Wir, Adolf und ich, sind in der ev.-luth. St. Florians-Kirche zu Funnix und restaurieren die Orgel, die der Orgelbauer Joh. Hinr. Constabel 1760 erbaut hat.
Die Backsteinkirche, erbaut im 14. Jahrhundert, steht auf einer hohen Warf. In der Kirche kann man nicht nur die Orgel bewundern, sondern auch den Passionsaltar aus dem späten 15. Jahrhundert und die Kanzel, die Jacob Cröpelin aus Esens im Jahre 1668 geschaffen hat.
Wir haben schönstes Frühlingswetter und genießen nach unserem Mittagessen noch ein paar Minuten die wärmenden Sonnenstrahlen. Eigentlich ist der Tag viel zu schade, um gleich wieder an die Arbeit zu gehen. Ich strecke meinen Körper auf der schon warmen Grasfläche aus. Ein paar Vögel begrüßen das schöne Wetter durch ihren Gesang, aber sonst herrscht Stille. Kein Wunder, denn um die Kirche herum ist der dörfliche Friedhof angelegt. Ein bisschen weiter von uns entfernt bringt eine ältere Dame ein Grab in Ordnung. Adolf strahlt ein Wohlgefühl aus, vor allem deshalb, weil er zwei Decken zum Unterlegen mitbringt. Wir machen es uns noch bequemer. Jeder, zwischen zwei Gräbern auf dem Grünstreifen liegend, genießt die verlängerte Mittagszeit. Aus den Augenwinkeln heraus bemerke ich, dass die ältere Dame an uns vorbeigeht. Sie hat sicherlich ihre Arbeit erledigt und macht sich auf den Heimweg. Irgendetwas murmelt sie vor sich hin, was wir nicht verstehen und auch nicht verstehen wollen. Trotz Ruhephase bin ich im Unterbewusstsein mit meinen Gedanken schon wieder bei der Arbeit. Es soll bloß keiner denken, dass ich faulenze. Ich glaube, ich höre nicht richtig. Kommt da nicht ein zartes Schnarchen herüber. Es wird wohl sein, dass Adolf den Mittagsschlaf bitter

nötig hat. „Mach dir keine Sorgen, Adolf, ich bin ja wach und werde dich schon wieder wecken!“
Träume ich, oder was ist los? Lautes Gepolter in meiner Nähe. „Los hoch, ihr Orgelbauer!“ Die ältere Dame vom Grab, jetzt resolute Dame, steht vor mir. „Ich bin nach Hause gegangen,“ sagt sie, „da habt ihr hier schon gelegen. Nun ist es zwei Stunden später, und ihr liegt hier immer noch faul herum. Ihr solltet euch was schämen! Hoffentlich muss die Gemeinde nicht auch eure Schlafstunden bezahlen! Und noch eins, auf dem Friedhof könnt ihr noch lange genug schlafen!“
„Danke für das Wecken“, antworten wir, „und das mit dem Friedhof, da haben sie vollkommen recht!“

Die „verrückte“ Kirchturmuhr

Turmuhren sind große, weithin sichtbare Uhren. Die meisten dieser Uhren sind in Kirchtürmen untergebracht. Die berühmteste Turmuhr ist sicherlich Big Ben in London. Ihr tiefer, wohlklingender Klang ist wohl jedem bekannt.
Diese Uhren waren die ersten mechanischen Uhren überhaupt. Da Uhren, heute wie damals, sehr teuer sind, sind die Turmuhren von großem Nutzen. Die Bewohner einer Gemeinde richten sich nach ihr, denn sie gibt ihnen die Zeit vor. Ihr weit hörbarer Glockenklang rief zudem früher die Bauern auf den Feldern zu den Mahlzeiten. Aber auch wir Orgelbauer richteten uns nach ihr. Wenn wir privat untergebracht waren und auch von den Leuten verpflegt wurden, war zur Mittagszeit das Glockengeläut unser Aufbruch zum Essen. Alle richteten sich danach. Wir haben mit der Turmuhr den Bewohnern einen Streich gespielt,

aber erst zur Nachmittagszeit. Wir legen uns doch mit einem Streich nicht selbst herein!
Turmuhren - wie oft haben wir Orgelbauer diesen Mechanismus bewundert. Manche stehen gepflegt im Turmraum in einer begehbaren Kammer. Andere wiederum stehen verwahrlost unterhalb der Kirchenglocken und sind mit allerhand Taubendreck zugedeckt. Man wundert sich, dass sie überhaupt funktionierten. Oft waren die Küster mit der Pflege und dem Aufziehen des Werkes zusätzlich beauftragt. Wir Orgelbauer interessierten uns für das stählerne Werk und beobachteten sein Tun ganz genau. Es war richtig schwere körperliche Arbeit. Es mussten zuerst die Uhrengewichte wieder hochgekurbelt werden. Es ratterte und knackte im Mechanismus. Dem Küster stand dabei der Schweiß auf der Stirn. Wir standen mit Händen in den Taschen dabei und nickten ihm aufmunternd zu. Was mag er wohl gedacht haben? - „Faule Bande!" vielleicht. Alles wurde überprüft, und wenn nötig, wurden die Wellen- und Zahnradlager nachgeölt bzw. nachgefettet. Zum Schluss fiel ein Blick auf seine Armbanduhr. Durch seinen Gesichtsausdruck und mit einem fröhlichen Nicken zum Uhrenwerk bestätigte er die gemeinsame genaue Zeiteinteilung. Ein letzter Blick zur Glocke, und der Uhrenschlag erfolgt mit einem Hammerschlag an der Hauptglocke. Er zog noch einmal kurz am Stahlseil, und mit einem hellen Glockenschlag, „Bim", war die Uhr wieder betriebsbereit.
Wir restaurieren eine alte Orgel. Der Spieltisch beherbergt nicht nur die Klaviaturen und Registerzüge, sondern auch viele Hilfsmittel für den Organisten - so den Calcantenzug oder Calcantenrufer, womit der Calcant, der Bälgetreter, durch ein Klingelzeichen zum Balgtreten aufgefordert wird.
Auch ist ein elektrischer Klingelknopf mit einem eingravierten Glöckchen für die Gebetsglocke eingebaut. Wie der Zufall es

will - oder war es doch mehr Neugier –, drückte ich auf den Klingelknopf. „Bim“ erschallte es. Es war genau der gleiche Ton wie bei der Kirchturmuhr.

Die Gemeinde wird zum Gebet aufgefordert: „Wachet und betet, dass ihr nicht in Versuchung fallet. Der Geist ist willig, aber das Fleisch ist schwach.“

Ein Lächeln huschte über mein Gesicht, und schlagartig war ein neuer Streich geboren. Dieser Versuchung konnte ich nicht widerstehen. Die Uhr schlug zwei, und einmal nachgedrückt, schon war es schlagartig drei! Während unserer Arbeit schlug die Uhr unregelmäßig die falsche Zeit. Wenn einer von uns am Spieltisch war und die Uhr schlug zur vollen Stunde, wurde scherzhaft einmal nachgedrückt. Das blieb nicht ohne Gehör. Manch einer mag wohl sorgenvoll auf das Ziffernblatt geschaut haben. Unser Küster ließ nicht lange auf sich warten. Mit einem Gemurmel besuchte er uns auf der Empore. „So ein Schiet, sagte er, „nun ist die Turmuhr vor Kurzem erst generalüberholt worden und jetzt schlägt sie schon wieder nicht mehr richtig. Irgendwie ist das komisch.“ „Das haben wir noch gar nicht bemerkt“, antworteten wir, „wir wollen das mit beobachten und aufschreiben, wann und wie oft die Uhr falsch schlägt.“ Er war dankbar für unsere Mithilfe und ging wieder.

Jetzt sind wir vorsichtiger geworden. Wir haben nur noch vor der Mittagszeit einmal nachgedrückt, in der Hoffnung, dass nicht richtig mitgezählt wurde. Aber wir hatten uns getäuscht. Unser Küster erschien, zog seinen „Blaumann“ an, griff die leuchtende Stalllaterne und verschwand mit einer großen Ölkanne Richtung Kirchenuhr. „Ich kann beim besten Willen nichts finden“, sagte er. „Wenn ich das nicht in den Griff bekomme, müssen wir zu der teuren Orgelrestaurierung auch noch einmal den Kirchturmuhrbaumeister kommen lassen.“

Ab nun wurde nicht mehr nachgedrückt. Wir wollten es nicht auf die Spitze treiben.
Bei der Einweihung der Orgel sagte unser Küster so beiläufig: „Es war komisch, die Orgelbauer waren weg, und wie durch ein Wunder ging auch wieder die Uhr richtig! Ob der Gebetsklingelknopf bei der Bearbeitung der Orgel einen Wackelkontakt hatte, konnten wir auch nicht nachvollziehen."

Juist

Die Orgel der Inselkirche zu Juist wurde von uns generalüberholt. Das gesamte Pfeifenwerk wurde ausgebaut und gründlich gereinigt, Register- und Spieltraktur überholt und neu einjustiert. Abgängige Teile wurden ersetzt. Zusätzlich erhielt das Hauptwerk ein neues Register, einen Prinzipal 8`, damit das gesamte Werk ein stärkeres klangliches Fundament bekommt. Die Registermechanik durfte ich anfertigen. Das böse Erwachen kam beim Probelauf. Beim Ziehen des Zuges war die Registerschleife zu und nicht auf. Wir haben das erst ein paar Tage so gelassen. „Mal sehen, ob der Organist bei seinen täglichen Besuchen von diesem schwerwiegenden Fauxpas etwas merkt. Ja, in Ostfriesland ist alles anders!", dachten wir.
Dass ich es geändert habe, ist klar, aber den Spaß konnte uns keiner mehr nehmen.

Es ist Freitag. Für uns heißt es nach 14-tägigem Aufenthalt: „Endlich nach Hause!" Nun sind wir, Erich und ich, auf der Fähre, die uns nach Norden-Norddeich bringen soll, wo unser Auto steht. Wir haben Dezember. Es ist nicht einladend, auf dem Deck zu stehen und die Natur zu bewundern. Ein grauer Schleier liegt über der Nordsee. Wir beide haben es uns im

Bordrestaurant gemütlich gemacht bei einer Tasse Kaffee, und wer will es uns verdenken, ein Stück Kuchen gehört nun auch einmal dazu.

Das Schiffsrestaurant ist gemütlich eingerichtet. Es ist voll besetzt. Ein großes Steuerrad verziert eine Wand. „Hoffentlich kommen wir gut nach Hause“, denke ich so bei mir, „gehört nicht das Steuerrad auf die Brücke?“

Eine Lautsprecherdurchsage lässt uns aufhorchen: „Herr Mellenthin, bitte zum Kapitän, kommen sie bitte auf die Brücke!“ „Soll das ein Witz sein?“, denke ich so bei mir und tue so, als ob ich nichts gehört hätte. Erst einmal Kaffee und Kuchen genießen. „Ob unsere Firmenleitung uns noch irgendwo hinschicken will?“, geht es mir durch den Kopf . Wir sollten eigentlich, bevor wir die Rückreise antreten, noch in der Firma anrufen, was wir aber nicht gemacht hatten. Das gilt für alle Orgelbauer. Wenn eine Kirchengemeinde Probleme mit der Orgel hat und wir bei der Heimreise an dem Ort fast vorbeikommen, können wir das eine oder andere gleich erledigen.

Noch einmal erfolgte die Durchsage an meine Wenigkeit, und ich begab mich zur Kapitänsbrücke. „So kommen wir nie nach Norddeich“, sagte ich beim Betreten der Brücke, „das Steuerrad hängt im Restaurant.“ Der Kapitän hatte nur so eine kleine Pinne in der Hand und steuerte damit sein Schiff. „Es erfolgt gleich von einem Mitarbeiter unserer Reederei ein Anruf für sie“, erwiderte er, „woher kennen sie den?“ Die Erleichterung war mir anzumerken. „Es ist mein Schwager. Ich habe seine Schwester geheiratet“, gab ich zur Antwort. Der Bann war gebrochen. Ich durfte auf der Brücke bleiben. So manches Seemannsgarn wurde gesponnen, bis die Geschichte mit den Ostereiern kam. Er hat mir erzählt, dass die Juister Fischer zum Osterfest die Pricken, also die Birkensträucher als Wegweiser im Wattenmeer, mit bunten Eiern schmücken. Ich habe mir meinen Teil gedacht

und darauf nicht mehr geantwortet. Wir sind wohlbehalten in Norddeich angekommen.
Kurz vor Weihnachten hatten wir die Arbeiten auf Juist beendet. Mir fielen die Ostereier wieder ein. Ich hatte die tolle Idee, kleine Weihnachtspäckchen an unseren Pricken im Jadefahrwasser aufzuhängen. Daraufhin schrieb ich an den Kapitän der Reederei folgenden Brief.
Sie werden sich sicherlich an mich erinnern, denn ein Orgelbauer auf einer Schiffsbrücke ist ja auch nichts Alltägliches. Nur hatte ich ja keine andere Chance, denn wenn man gerufen wird, hat man Folge zu leisten.
Ihre Erzählung, dass die Pricken zu Ostern von den Fischern mit Ostereiern behangen werden, hat mich dazu bewogen, dies auch einmal in unseren heimischen Gewässern zu Weihnachten zu versuchen. Aber bei den Wilhelmshavener Fischern stieß ich sofort auf Ablehnung, denn unsere Pricken werden von den Seehunden als Pinkelbäume benutzt. Außerdem wäre auch die Gefahr zu groß, dass die liebevoll weihnachtlich eingepackten Präsente von den Seehundsbullen herabgezogen werden. Außerdem wäre die Arbeit zu umfangreich. Aber die Idee wäre gut, und die Fischer würden dies gern in Absprache mit der Wattenmeer-Nationalverwaltung durchführen. Wir werden sehen, was daraus wird. Auf jeden Fall werde ich zu Ostern mit meinem Eskimokajak nach Juist paddeln und mir die Pricken mit den Ostereiern ansehen. Vielleicht treffe ich dann die Fähre IX wieder. Dem Kapitän werde ich fröhlich zuwinken und mit einem verschmitzten Lächeln an beide Pricken-Geschichten denken.
Die beigefügte CD ist echt. Vielleicht kann die Orgelmusik dazu beitragen, die alltäglichen Anspannungen zu lösen und die wohl nicht einfachen Schiffsführungen im Wattenmeer ein bisschen zu vergessen. Mir hat es Freude gemacht, einmal von der Brücke eine kurze Schifffahrt zu erleben. Ich wünsche Ihnen und Ihrer Familie ein schönes und besinnliches Weihnachtsfest und für das neue Jahr alles Gute.

Ihnen, Ihrem anvertrauten Schiff und Ihrer Besatzung immer eine Handbreit Wasser unterm Kiel und allzeit gute Fahrt.

Kurze Zeit später kam eine Mitteilung von der Reederei: „Die Geschichte ist echt!"

Die Ostereier-Geschichte ging mir aber nicht mehr aus dem Kopf. Ist das Seemannsgarn, oder ist sie echt? Ich schrieb an die Redaktion des „Ostfriesland Magazin", einer monatlichen Zeitschrift in Norden.
Der Chefredakteur ließ mir mitteilen: *Na ja, da hat man ihnen aber einen Bären aufgebunden bzw. ganz viel Seemannsgarn erzählt. Das haben die Kapitäne so an sich. Sie nehmen ihre Gäste gern mal auf die Schippe.*
Nun stand ich wieder vollkommen im „Regen". Wenn die Redaktion schon nicht mehr weiß, ob „echt oder Ente", was soll ich dann denken?
Ich schickte meinen Schwager zu Ostern per Schiff nach Juist und siehe da - die Geschichte ist echt!
Wir waren im Jahr 2008 kurz vor Weihnachten wieder per Schiff nach Juist.
Eine Pricke, kurz vor dem Hafen, war mit Weihnachtskugeln und einem kleinen Weihnachtsmann geschmückt.
Meine Geschenkidee war gar nicht so schlecht.
Man sollte es doch noch einmal versuchen.

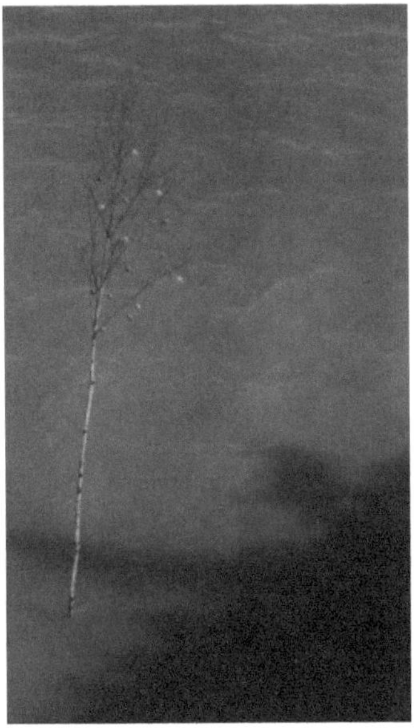

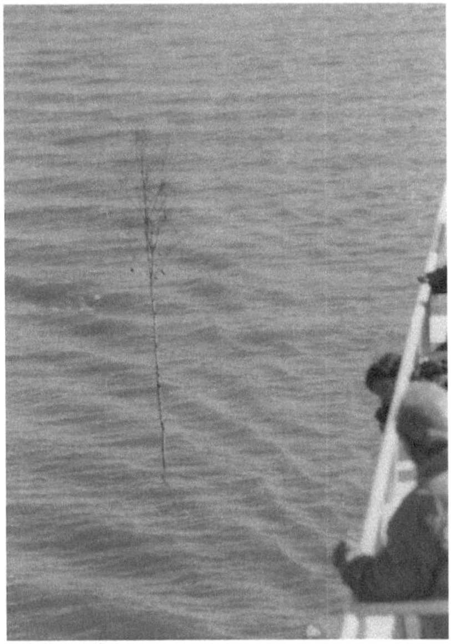

Pricken, die mit Ostereiern behangen sind.

„Bauer“ hilft „Bauer“

Wir schreiben das Jahr 1970, wir restaurieren eine 10-registrige Orgel. Das Manual beherbergt 7 Register, im Pedalwerk sind 3 Register untergebracht. Sie wurde im Jahre 1823 als einmanualiges Werk gebaut. Im Jahre 1870 erhielt sie ein selbstständiges Pedal dazu.

Die Kunst des Restaurierens besteht darin, möglichst wenig am Instrument zu verändern. Die umfassenden Arbeiten wurden vom Orgelsachverständigen der Hannoverschen Landeskirche begleitet. Durch sein Fachwissen lernten wir, das Instrument als musikalische, technische und architektonische Einheit wieder-

herzustellen. Es war gar nicht einfach, das Erlernte mit dem, was wir nun machen müssen, in Einklang zu bekommen. Manche Orgelteile mussten wir leider doppelt anfertigen. Unser Fachwissen für Orgelreparaturen und Neubauten reichte nicht für Restaurierungen aus. Das bedeutet, dass wir uns neu orientieren und uns ganz in die Arbeitsweise hineindenken und -versetzen müssen. Am Ende der technischen Arbeiten waren wir ganz stolz, dass wir die Restaurierungsarbeiten am Instrument so vorzüglich hinbekommen hatten.
Dazu beigetragen hat auch die gute und fürsorgliche Unterkunft, in der wir nicht nur schlafen konnten, sondern auch beköstigt wurden. Die Küsterin ist auch Bäuerin und bewirtschaftete mit ihrem Mann einen großen Hof. Wir brauchten nur quer über den Friedhof zu laufen und sind dort. Wir mussten allerdings pünktlich zu den Essenszeiten erscheinen, das war Bedingung. Aber das war auch kein Problem, denn der Glockenschlag der Kirchturmuhr war nicht zu überhören. Auch das Bekanntmachen ging sehr schnell - kein Wunder, „Bauer" zu „Bauer", Orgelbauer zu Milchbauer. Gibt es nach Feierabend einen Unterschied? Die Zeremonie des Teetrinkens erlernten wir schnell. Sie wird mindestens zweimal pro Tag durchgeführt. Vormittags von 10 bis 11 Uhr und am Nachmittag von 15 bis 16 Uhr. Entsprechend dem Zeitverlust mussten wir abends länger arbeiten. Zu jeder Teepause gehören mindestens drei Tassen Tee, denn „drei sind Ostfriesenrecht!" Während in anderen Ländern der Tee meistens in vollkommener Ruhe genossen wird, ist die ostfriesische Teerunde ein gemütlicher Klönschnack. Man legt zuerst den Kandis, den Kluntje, in die Tasse, gießt dann den heißen Tee darüber. Es knistert hörbar. Hoffentlich hören das auch die Orgelstimmer oder unsere Intonateure. Wenn nicht, müssen sie zum Ohrenarzt. Zum Schluss wird mit einem kleinen Schöpflöffel ein Wölkchen Sahne an den Rand

der Teetasse abgesetzt. Die kalte, fetthaltige Sahne versinkt im heißen Tee und steigt wie eine Wolke wieder auf. Man trinkt erst den Tee, wenn die Hausfrau dazu auffordert. Alles andere gilt in Ostfriesland als unhöflich. Teekenner rühren den Tee nicht um. Man schmeckt zunächst die Sahne, dann den herben Tee und zum Schluss den süßen Kandis. Den Teelöffel braucht man eigentlich nicht. Er hat eine ganz andere Funktion. Den Teelöffel in die Tasse zu stellen, sagt aus, dass man keinen Tee mehr möchte. Es hat lange gedauert, bis wir das erkannt haben. Deshalb war der Tee, nach mehrmaligem Nachfüllen mit heißem Wasser, sehr dünn. Wir haben ihn dann als „Schüsselwasser" betitelt. Zum Tee gab es auch eine Schnitte Schwarzbrot mit selbstgemachter Leberwurst, vormittags wie nachmittags. Am Nachmittag waren Oma und Opa mit den beiden Kindern am großen Küchentisch. So wurde die Runde noch lustiger. Uns fiel auf, dass der Hausherr nachmittags sein geschmiertes Leberwurstbrot mit „langen Zähnen" aß. Das ist so, wenn man etwas nicht mag. Wir fragten nach dem Warum. Der Bauer fühlte sich nicht wohl in seiner Haut, als ob er sich genierte. Er druckste komisch herum. Seine Frau antwortete, dass er lieber Schwarzbrot mit „dick' Butter und Zucker" äße, vormittags lieber Weißbrot. Wir haben laut aufgelacht. „Das mögen wir auch lieber!", antworteten wir. Denn Wurst gab es zum Frühstück und zum Abendbrot mehr als genug.
Bauer hilft Bauer! Oma und Opa kümmerten sich um die Kinder, wenn die Eltern außer Haus waren. Vor dem Schlafengehen mussten wir ihnen aber erst noch eine Gutenachtgeschichte vorlesen. Wir Orgelbauer - nun „Bauer" geworden - kümmerten uns auch ums Vieh, genauer gesagt, um die ferkelnde Sau. Wir übernahmen die Nachtwache im Rhythmus von zwei Stunden. Erst ich, dann der Kollege. Sollte die Sau ferkeln – Opa rufen, sonst die Ferkel unter der Sau wegziehen. Es könnte

sonst sein, dass sich die Schweinemama auf die Kleinen legt. Zu unserem Glück kamen die neuen Schweinekinder erst zwei Tage später zur Welt. Der Bauer war wieder zu Hause. Trotzdem standen wir unter Spannung. Den Jungbullenstall haben wir auch geändert. Ging ein fremder Bauer mit seiner Kuh, die spielte, am Stall vorbei, flippte der Jungbulle aus. Er sprang über das nicht sehr hohe Gatter und versuchte, aus der Scheune zu kommen. Zum Glück gelang es ihm nicht. Wir sorgten für Abhilfe, indem wir an der Stalldecke einen Balken angebracht haben. So konnte der Bulle nicht mehr hochspringen. Bei einem nochmaligen Kuhblick wäre fast das halbe Dach heruntergekommen. Also, „Orgelbauer, bleibe bei deinen Leisten", sagt ein altes Sprichwort.
Mein Name ist Bauer, ich bin ein Bauer und wohne beim Bauern.

Gelb-Weiß, Grün-Weiß, Braun-Weiß

Diese Orgel hat eine mechanische Spieltraktur und eine elektrische Registertraktur. Sie wird von uns generalüberholt. Die elektrischen Magnete zum Ziehen der Registertraktur sind abgängig und werden durch neue Schleifenzugmotore ersetzt. Hinzu kommt ein neuer Schaltschrank, versehen mit nummerierten Steckplatten, die den Bewegungsablauf der neuen Motoren schalten. Alle anderen Systeme sind in Ordnung und bleiben so. Eine elektrische Registertraktur hat gegenüber einer mechanischen Traktur nur den Vorteil, dass unterschiedliche Register abgespeichert und auf Knopfdruck wieder abgerufen werden können, während man bei der mechanischen Traktur viele Registerzüge ab- oder hinzuziehen muss. Leider ist eine

elektrische Traktur störanfälliger, bei der mechanischen ist dies kaum der Fall.
Gerd, unser Spezialist in elektrischen Trakturen, und ich, der Neuling, aber mit 25 Jahren Orgelbauerfahrung, führen diese Arbeiten durch. Ich darf die abgängigen Magnete von den Windladen abbauen, Gerd kümmert sich um die elektrischen Sachen am Spieltisch. Viele neue Teile sind in der Werkstatt vorgefertigt worden, so kann ich eigentlich nichts falsch machen. Bei der Verlegung der Kabel muss ich aber konzentrierter sein. Ich frage daher öfter einmal nach den Farbkombinationen. „Also," so Gerd, „es gibt verschiedene Kabelstränge mit 3, 5, 8 usw. farblichen Bunden. Es fängt an mit Rot-Blau. Danach folgen Gelb-Weiß, Grün-Weiß, Braun-weiß, Schwarz-Weiß, Blau-Weiß und Gelb-Weiß. Zweiter Bund: Rot-Schwarz, Gelb-Weiß, Grün-Weiß, Braun-Weiß, Schwarz-Weiß, Blau-Weiß und Gelb-Weiß. Dritter Bund: Rot-Gelb, Gelb-Weiß, Grün-Weiß und usw." Ich wiederhole die Prozedur und vergesse nach Braun-Weiß gleich Schwarz-Weiß. Gerd lässt sich nicht aus der Ruhe bringen und erklärt mir das noch einmal ganz ruhig und sachlich. Ich habe heimlich Papier und Stift zu Hilfe genommen. Bei der dritten Wiederholung war mein Spickzettel vollständig. Ich tat so, als ob ich es auswendig gelernt hatte. Gerd war nach meinem nochmaligen Vortragen der Farbfolge sehr zufrieden. Nun konnte nichts mehr schiefgehen. Zwischenzeitlich habe ich mein textliches Farbenspiel auch noch vertont nach der Melodie „Horch, was kommt von draußen rein: Rot - Blau - Gelb" usw. Das war sehr lustig. Bei voller Konzentration haben wir das sogar zweistimmig gesungen.
Ich verlegte die Kabelstränge vom Schaltschrank hin zu den Schleifenzugmotoren. Am Ende wurden die Isolierung entfernt, das Kabel im Uhrzeigersinn aufgedreht und die einzelnen farblichen Drähte an den vorgegebenen Ösen befestigt. Vorher habe

ich sie mit meiner „Dreidudi“ - einer kleinen Handbohrmaschine - zu einer Spirale aufgedreht, sodass es ordentlich aussieht und sie auch eine gewisse Lose erhalten. Anlöten durfte ich die Drähte nicht, das wollte Gerd selber machen. Er traute dem Frieden wohl nicht. Mir war es auch recht, denn an manche Motoren war gar nicht so einfach heranzukommen. Nun fehlte nur noch die Nummerierung der Motoren, die bei der Verlötung der Drähte gleich mit vorgenommen werden musste. Man hörte keine Klagen, es sah aus, als ob alles, was ich gemacht hatte, in Ordnung war. Nur bei den Arbeiten am Rückpositiv, das ist das Werk, das sich im Rücken des Organisten befindet und das wie in diesem Fall in der Emporenbrüstung eingebaut ist, hörte man vereinzeltes Fluchen. Entweder waren seine Arme zu kurz oder bei einer höheren Stufe auf der Leiter rammte er sich seinen Kopf an irgendeiner Stelle. Man musste schon Verrenkungen machen, um sein Ziel zu erreichen.
Gerd war am Rückpositiv beschäftigt. Ich begab mich still und leise zum Schaltschrank. Den letzten Motor, der am schwersten zu erreichen war, also der im Rückpositiv, hatte ich mir ausgesucht. Hier änderte ich nur zwei Drähte, statt Gelb-Weiß, Weiß-Gelb. Ein kleines unscheinbares Fähnchen heftete ich daran, sodass ich meinen „Streich“ bei den vielen Tausend Drähten auch wiederfinde.
„Du, Bernhard,“ das sagte Gerd immer dann, wenn ihm was nicht passte, „du bist so ruhig, was machst du?“ Erschrocken drehte ich mich um. Es klang, als ob er hinter mir stand. Das fehlte auch noch. Ich versuche, ihn hereinzulegen, und er erwischt mich dabei! „Ich sehe mir an, wie du das hier gemacht hast“, antwortete ich. „du willst doch wohl nicht meine Arbeit kontrollieren? Und wer hatte so viele Schwierigkeiten mit den Farben?“, ermahnte er mich. „Ist ja gut,“ gab ich nach, und um keine Reiberei aufkommen zu lassen, rechtfertigte ich mich,

„ich muss ja mindestens wissen, wie das funktioniert! Ich bin gleich fertig. Wir können gemeinsam durchprobieren, ob alles funktioniert." Da habe ich aber Glück gehabt mit meinem Streich - just zum richtigen Moment fertig. Ich setzte mich an den Spieltisch: Register an und ab. Gerd überprüfte jeden Motor auf seine Funktionstüchtigkeit und auch, ob die Registerschleifen richtig auf- oder zugehen.

„Mist, Bernd, ausgerechnet der letzte Motor im Rückpositiv geht nicht! Die Schleife bewegt sich nicht!" Er konnte den Motor nicht sehen, denn aus Platzgründen ist er unterhalb der Windlade angebracht. Die Registerschleife ist mittels einer Mechanik mit ihm verbunden. Er ruckelte nur, an der Schleifenbewegung tat sich nichts. Ich machte ein ahnungsloses Gesicht und hob nur die Schultern. Ich verließ die Orgelbank und ging hinunter in die Kirche. Er konnte sich gar nicht beruhigen. Schimpfend rief er etwas hinter mir her. Durch die Akustik in der Kirche hallte es lange nach und hörte sich gefährlich an. Wie kann man sich bloß so aufregen? „Der kann mich mal" - frei nach Götz von Berlichingen!

Wieder bin ich die Trittleiter hochgestiegen und gab ihm die Farbkombination durch. „Stimmt," antwortete er nur. „Mein lieber Gerd, kann der Fehler nicht bei dir liegen?" Er gab mir keine Antwort, runzelte die Stirn und schaute mich vorwurfsvoll an, als ob er unfehlbar wäre. „Wir klingeln die Drähte durch," gab er zur Antwort, „du gehst an den Motor und ich an den Schaltkasten." Gesagt, getan. „Ich hab's", rief er, „hier habe ich die Kabel vertauscht." „Bingo!" „Es ist schön, dass du es zugibst." „Was soll das Fähnchen hier?" „Keine Ahnung. Vielleicht ist das eine automatische Fehleranzeige?"

„Gerd, üben! Gelb-Weiß, Grün-Weiß, Braun-Weiß, wie geht das noch weiter?"

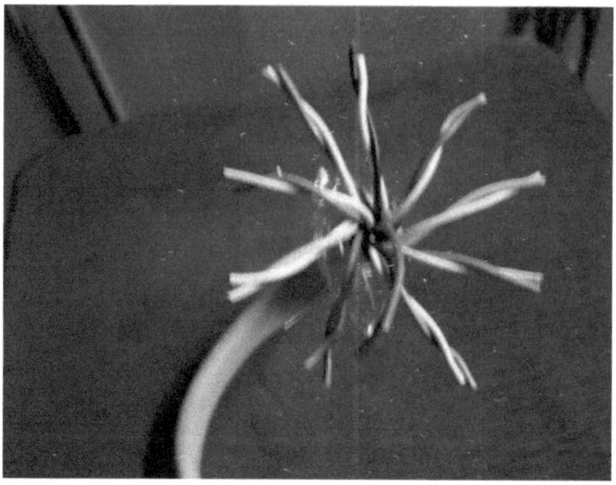

Kabelanfänge

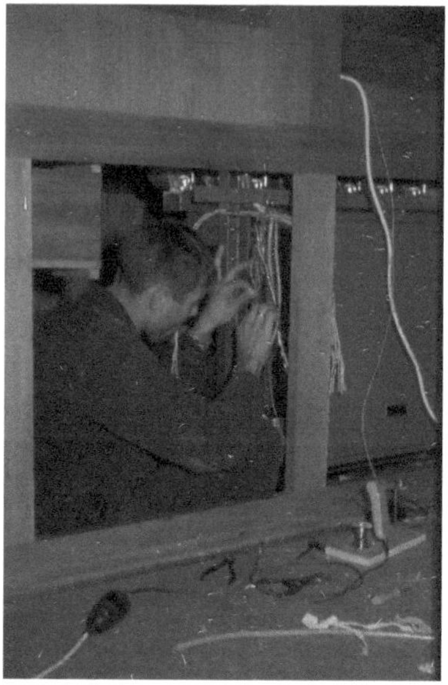

Anlöten der Drähte / Schaltschrank

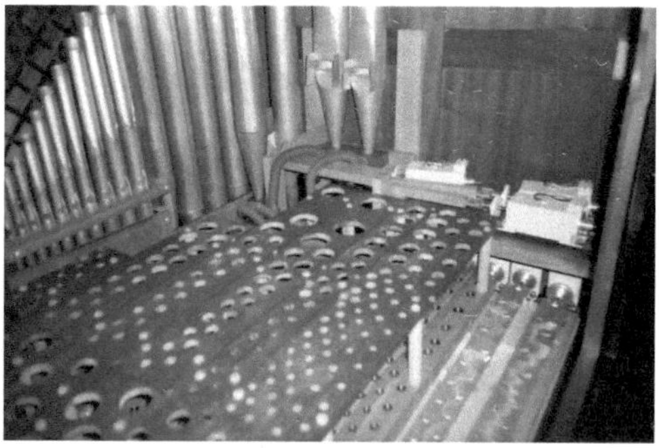

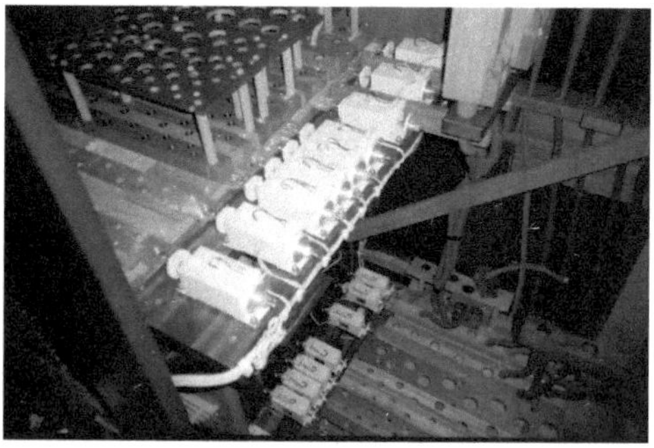

Werksaufbau / elektrische Traktur mit Schleifenzugmotore

Lustige Streiche

Es gibt Orgelbauer, die wissen und können alles besser. Sie bringen auch viel durcheinander, weil sie nicht richtig zuhören. Sie sind richtige „Schlaumeier". Dazu gehören auch die „gekrönten" Orgelbauer, das sind die, die in Ludwigsburg die Meisterprüfung abgelegt haben und nun mit erhobenem Haupt durch den Betrieb gehen. Dennoch musste sich so manch Gekrönter von einem nicht gekrönten Gesellen oder Lehrling etwas beibringen lassen.

So hat einer nicht einmal ein Zischgeräusch in einer neuen Orgel beseitigen können. Ein paar Tage später hat dies ein anderer übernommen. Er hat nur den Stöpsel in das Loch zur Messung des Winddrucks wieder eingesetzt.

In den klimatisierten Räumen der Hochschulen stehen in manchen Orgelgehäusen auch Klimaanlagen. Anstatt das Orgelgebläse zu ölen, hat einer die Klimaanlage geölt. Bei fünfjähriger Garantieleistung war nach zwei Jahren schon das Schweizer Spezialgebläse festgelaufen. Es fehlte die letzte „Ölung".

Auch haben die gekrönten Häupter den richtigen „Riecher" bei der Lieferung neuer Orgeln. Sie wollen immer helfen, kommen aber erst dann, wenn die schweren Orgelteile ausgeladen und aufgebaut sind.
Mit der Frage „Kann ich schon die Abstrakten einhängen?" war sein Helfen schnell beendet. Es blieb ihm nur die Flucht aus den heiligen Gemäuern. Die Orgelbaugesellen haben ihm schon klargemacht, was Helfen heißt.

Ein anderer wollte sich an Kaffee und Kuchen laben, den sich die in der Kirche arbeitenden Orgelbauer bei der Küsterin verdient hatten. Sie hatten den Gardinenkasten im Nebengebäude geändert, neu angebracht und gleichzeitig auch die Gardinen aufgehängt. Als Dank hat die Küsterin den Kuchen spendiert. Für Nichtstun gibt es keinen Kuchen. Wir haben den Orgelbaumeister zum Bäcker geschickt. Von da an ward er nicht mehr gesehen.

Ein anderer Orgelbaumeister hat beim Abbau einer großen Orgel seinen Frust abgelassen.
Anstatt einfach die Schrauben zu lösen, hat er mit geballter Kraft und Wut versucht, mit Hammer und Kuhfuß, die Balganlage zum Einsturz zu bringen. Er hat dabei viel Krach gemacht und viel Staub aufgewirbelt, dass seine Kollegen das Weite gesucht haben und ins nächste Café gegangen sind. Er soll angeblich nicht einmal gemerkt haben, dass sie eine ganze Weile nicht in der Kirche waren.

Ein anderer hat nach einem feucht-fröhlichen Abend am nächsten Morgen den Aufstellungsort, die Empore in einer sehr modernen Kirche mit einem mehreckigen „Zick-Zack-Dach“, für eine neue Orgel ausgemessen. Das Debakel stellte sich erst ein paar Jahre später bei der Aufstellung der Orgel heraus. Er hatte die Höhen - vorne und hinten - nicht richtig zu Papier gebracht. Was vorne in der Emporenbrüstung stehen sollte, musste in den hinteren Bereich der Empore, der hinterste Aufbau der Orgel wurde nach vorne versetzt. Also kurz gesagt, die Orgel wurde umgekrempelt. Was vom Gehäuse abgeschnitten wurde, wurde an anderer Stelle wieder eingesetzt. Kenner sprechen von einem Intarsien-Gehäuse, da das Gehäuse aus Kiefernholz in Natur angefertigt worden ist und nicht gestrichen werden konnte. Denen, die das so toll handwerklich geändert und hinbekommen haben, sollte man heute noch ehrenhalber den Meistertitel zuerkennen.

Trotzdem haben wir allen Orgelbaumeistern viel zu verdanken. Denn ohne sie hätten wir niemals so schöne Orgeln bauen können.

In Plön wird eine neue Orgel eingebaut. Auf der Empore unterhalten sich drei Orgelbauer über Tennis. Auch über das älteste und prestigeträchtigste Tennisturnier der Welt in Wimbledon. Ein vierter Orgelbauer arbeitet in der obersten Etage der Orgel. Er hört zu, aber doch wohl nicht richtig. Auf einmal ruft er herunter: „Ihr braucht euch darüber nicht mehr zu unterhalten, Jan Wimbelten gibt es nicht mehr, der ist schon lange tot!“ Brüllendes Gelächter erschallt. Ob sie ihn zum Ohrenarzt geschickt haben, ist nicht überliefert.

Andere Orgelbauer machen die mühselige tägliche Kleinarbeit mit einem einzigen Schritt zunichte. Es ist bekannt, dass Ostfriesen in einer anderen Welt leben, wenigsten bei uns Orgelbauern. Manche haben gewaltig abstehende Ohren, damit sie besser hören können. Andere haben solch große Füße, dass sie mit nur einem Schritt die Pedalmechanikverbindungen, wie in einem Fall 15 neue Abstrakten von einer Pedalseite, zunichte machen. Zum Glück hatten wir nicht so viele Orgelbauer aus der orgelreichsten Landschaft Europas, aus Ostfriesland.

Andere können die Pausen nicht abwarten. Beim Raufbringen von Orgelteilen auf die Empore hat einer sein aus dem Hotel mitgebrachtes Hühnerei vorzeitig in die Hosentasche gesteckt. Sein Kollege, der das gesehen hatte, hatte nichts Eiligeres zu tun, als ihm versehentlich auf die Hosentasche zu schlagen. Zur Freude aller war das Ei ein weich gekochtes!

Die Organisten sind sehr lustige Leute. Sie müssen es auch sein, wie sonst soll man so herrlich musizieren können. Ganz besonders freundlich sind sie, wenn die Orgelbauer an ihrem Instrument arbeiten. Sie können einem aber auch auf den „Geist" gehen mit ihrer vielen Fragerei. Warum ist das so oder das andere so? Bei einer neuen Orgel, während der Intonation, hat der Organist nach unserem Feierabend schon ein bisschen geübt. Dem Instrument hat es gutgetan, denn so nach und nach wurden alle technischen Teile eingespielt. Nur am nächsten Tag hatte er komische Fragen. „Hoffentlich habe ich am neuen Instrument nicht etwas kaputt gemacht?" Er war ganz aufgebracht und konnte sich kaum beruhigen. „Wie kommt es, dass die Oktave 4` erklingt, wenn ich den Prinzipal 8` ziehe?" „Das liegt daran," antworteten wir, „dass sie die Orgelbauer ‚verdursten' lassen, also noch keinen ausgegeben haben." Die Erleichterung war ihm anzusehen. Er ließ das nicht auf sich sitzen und lud uns zu einer Runde ein. Wie von Geisterhand war danach alles in Ordnung. Die Registerknöpfe mit der Registerbezeichnung waren noch nicht festgeklebt, und deshalb konnten wir sie einfach umsetzen, und zwar den Prinzipalknopf auf den Registerzug der Oktave. Warum es so war, und wie es technisch machbar ist, haben wir nie verraten. Wie sollten wir sonst zu einem Umtrunk kommen?

Bei einer Trauung hatte der Organist einen ganz besonders lustigen Tag. Wir Orgelbauer ließen die Arbeit ruhen und hörten andächtig zu, wie der Pastor dem glücklichen Paar den Segen gab. Am Ende der Trauung waren alle glücklich und der Organist spielte den Hochzeitsausgangsmarsch. Die Orgel brauste in

ihrer Herrlichkeit auf. Er zog alle Register und gab sein Können zum Besten. Die Komponisten Bach, Brahms und wie sie alle heißen würden im Himmel jubilieren. Helle, hohe und tiefe Töne erfüllten den Kirchenraum. Schlagartig hörte er auf, und nach Verhallen des letzten Tones spielte er ganz verzückt und mit zarten Stimmen: „Mein Hut, der hat drei Ecken, drei Ecken hat mein Hut!" Danach herrschte abrupt wieder Ruhe, und dann ließ er die Orgel wieder aufbrausen. Die Prozedur wiederholte er noch einmal. Er spielte sich förmlich in Ekstase und merkte gar nicht, dass das Brautpaar und alle Gäste schon die Kirche verlassen hatten.
Wir haben das mit dem „Hut" sofort gemerkt und wunderten uns, dass sonst keiner in irgendeiner Weise reagierte. Bis auf die Gemeindeschwester, die mit erhobenem Finger auf den Organisten zuging. „Du, du, war das so richtig?"
Was wir nicht wussten, das war, dass Organist und Bräutigam sich persönlich kannten und gewettet hatten. Traut er sich, oder traut er sich nicht? Er hat sich getraut, somit auch gewonnen. So kamen auch wir in den flüssigen Genuss am darauf folgenden Abend. Wir haben das mit „Restetrinken" betitelt. Die Orgel und der Organist hatten an diesem Abend Ruhe, denn wir haben zu jedem Trinkspruch auch das Lied „Mein Hut, der hat drei Ecken" angestimmt und mehrstimmig gesungen.

Um Kosten zu sparen, werden die Orgelbauer oft von der Gemeinde beköstigt. Viele Kirchengemeinden haben neben ihrem Gotteshaus ein Gemeindehaus, in dem auch eine Küche eingerichtet ist - wie hier in Wuppertal, wo wir mit fünf Mann eine neue 36-registrige Orgel einbauen. Nachmittags gab es ein Vesperbrot und abends machten wir eine deftige bayrische Brotzeit. Unser Frühstück bekamen wir im Hotel. So war meistens der jüngste Orgelbauer mit dem Einkauf und der Vorbereitung der Speisen beauftragt. Eines Tages erwischte es mich, auch wenn ich nicht der Jüngste war. Im Großmarkt holte ich alle „Köstlichkeiten“ und auch den Aufschnitt. Danach bereitete ich das Abendessen vor. Ich kannte die sogenannten Essens-Quaker und deckte deshalb den Tisch wie bei Muttern zu Hause. Es fehlten eigentlich nur noch die Blumen und das Kerzenlicht.

„Du, Bernd, die Wurst schmeckt nicht,“ so der älteste Geselle, „wo hast du sie gekauft?“ „Im Kaufhaus, wo ich alle Sachen gekauft habe,“ antwortete ich. „Das ist nicht gut, die Wurst musst du beim Schlachter kaufen!“ Ich ignorierte ihn einfach. Wenn es ihm nicht schmeckt, kann er ja morgen selbst einkaufen. Soweit kam es gar nicht, unser Intonateur erbarmte sich. Er wusste genau, wie er ihn reinlegen konnte. Gesagt, getan, auch mit dem augenzwinkernden Versprechen, die Wurst beim Schlachter einzukaufen.

„Na, Fritz, wie schmeckt dir die Wurst?“, fragte Mathias. „Wunderbar, man schmeckt ja gleich, dass du die Wurst vom Schlachter gekauft hast!“, so seine Antwort. Wohlwollendes Kopfnicken von Partner zu Partner unterstützte die Aussagen. Das übliche Wortgeplänkel folgte. Ich bekam nochmals mein Fett vom gestrigen Abendessen.

Nun spielte Mathias seinen Trumpf aus. „Ich habe alle Waren im gleichen Geschäft eingekauft, wo Bernd gestern auch war, einschließlich Wurstwaren! Was sagst du nun? Einbildung ist auch eine Bildung, und die hat dich mächtig in Stich gelassen!“ Nun hatten wir Oberwasser. Tagelang musste er sich diesen Reinfall anhören. Es war ein Wunder, dass er überhaupt mit uns sprach. Orgelbauer sind eben nicht nachtragend!

Eine andere Mannschaft baute in Bonn eine neue Orgel auf. Auch hier haben sich die Orgelbauer im Gemeindehaus selbst beköstigt. Leider fehlten Kaffeebecher, die sie am darauf folgenden Wochenende in der Stadt gekauft haben. Im Geschäft verlangten sie drei Becher für Linkshänder und zwei für Rechtshänder. Die Verkäuferin konnte den Spaß nicht vertragen und holte ihren Chef. Leider hatte er nur eine ostfriesische Spaßtasse mit zwei Henkeln, die wahlweise mit rechts oder links benutzt werden konnte. Froh gelaunt zogen sie weiter. Es standen eine Besichtigung der Stadt an und ein kurzer Bummel am Rhein entlang, Richtung Quartier. Auf Dauer wurden die Tassen zur Last. Sie waren aus Steingut. Jeder musste sie eine Zeit lang tragen. Am Rhein angekommen, bummelten sie auf der Uferpromenade. Zwei von ihnen liefen in größerem Abstand hinter den anderen her. „Diese schweren Tassen," sagte der eine, „sind ganz schön lästig, und der Tragegriff der Tüte schnürt einem fast die Finger ab!" „Schmeiß sie doch in den Rhein rein," erwiderte der andere, „das reimt sich und du bist sie obendrein auch los." Kaum ausgesprochen, hörte man nur noch ein Platschen. Grinsend sahen sich beide an. Da schleppt man die Tassen fast den halben Tag kreuz und quer durch die Stadt, und fünf Minuten von zu Hause entfernt schmeißen sie diese entkräftet in den Rhein. Sinn machte das überhaupt nicht, aber wenn ein älterer Orgelbauer dem jüngeren diesen „Befehl" gibt, hat man eben zu gehorchen.

„So, nun lasst uns zum Ausklang des Tages eine schöne Tasse Kaffe trinken." „Tut uns leid, geht nicht. Die Tassen sind auf dem Wege nach Köln!", hieß es dann. Wenn Blicke töten könnten. Es blieb uns nur der Weg ins nächste Café. Der Übeltäter musste die Zeche zahlen, außerdem noch neue Tassen kaufen. Außer Spesen nichts gewesen!

In der evangelisch-lutherischen Stadtkirche zu Delmenhorst bauen wir die generalüberholte Orgel wieder ein. Hinter der Empore befindet sich der Glockenturm, der im unteren Bereich mit Räumlichkeiten ausgestattet ist. Wir brauchten uns daher kein Hotel suchen, sondern bauten dort unsere Betten auf. Ist das nicht praktisch, gleich aus dem warmen Bett direkt an die Arbeit? Man kühlt nicht aus und hat gleich die richtige Arbeitstemperatur. Verpflegungsmäßig haben wir uns selbst versorgt. Zum Mittagsessen waren wir außer Haus. Trotzdem machten wir pünktlich Feierabend, denn wir wollten Land und Leute kennenlernen und nicht rund um die Uhr arbeiten. Bei „Not am Mann" oder bei Terminschwierigkeiten wäre das sicherlich gegangen, aber das war zum Glück nicht der Fall.

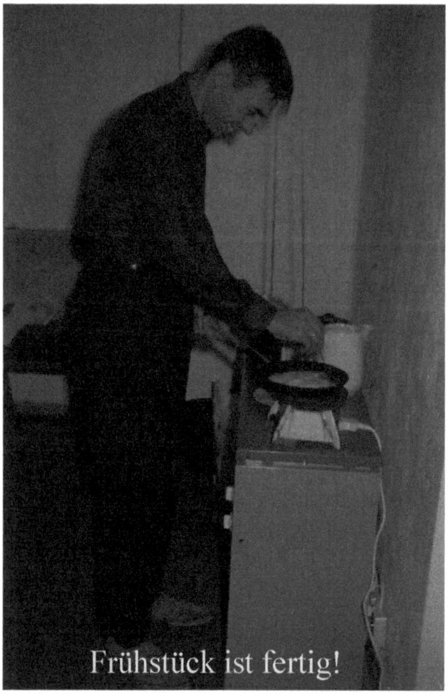

Frühstück ist fertig!

Nachdem wir die Doppelflügeltür, nur die linke Seite war abschließbar, hinter uns verschlossen hatten, machten wir uns auf zum Stadtbummel. In der Stadt ist Jahrmarkt, und viele Gebäude und Straßenzüge sind zusätzlich prächtig geschmückt. Wir machten ein paar Runden über den Markt, fuhren Karussell, versuchten unser Glück an Schieß- und Losbude und verdrückten zu guter Letzt noch eine Brat- und Currywurst, um eine zusätzliche Unterlage für ein paar Bier zu haben. Feuchtfröhlich beendeten wir den Abend in der Schänke. Damit wir im Dun-

keln gut schlafen können, machten wir mit allerhand Verrenkungen und akrobatischen Leistungen die um die Kirche installierten Gaslaternen aus.
Ein Abflussrohr erleichterte unser Vorhaben. Ein lustiges Lied auf den Lippen - „geh'n sie aus vom Stadtpark die Laternen" -, dann der Griff zum Gaslaternenring, die Laterne ist aus und mit einem urigen, erschreckenden Schrei steht der Übeltäter zum Glück wieder auf den Füßen.
Der Absturz, einschließlich Dachrinnenabflussrohr, ist zu unser aller Glück glimpflich ausgegangen. Auch Orgelbauer brauchen nicht nur in der Kirche einen Schutzengel.
Nun tasteten wir uns in fast stockdunkler Nacht zu unserer Kirche. Leise waren wir nun nicht gerade. Kein Wunder, bei diesem lustigen Abend! Es blieb nicht ohne Folgen, denn unser nächtliches Tun an der Kirchentür beobachteten andere Nachtschwärmer. Wir hatten äußerste Probleme, den Schlüssel ins richtige Schlüsselloch zu stecken. Wie man es gewohnt ist, sollte rechts das Türschloss sein: immer wieder den Schlüssel in das Schlüsselloch. Einer ist immer schlauer als der andere, aber trotzdem klappte es nicht. Nichts. Es war zum Verrücktwerden. Auf einmal machte es „Klick". Aha, die linke Tür! Wir waren vor den „Aufpassern" in der Kirche, und das Geklopfe an der Tür ignorierten wir einfach. Nichts ahnend gingen wir zu Bett.
Am nächsten Morgen erhielten wir Besuch vom verschmitzt lachenden Pastor. Die Polizei hatte bei ihm zur nächtlichen Stunde angerufen und mitgeteilt, dass fremde Leute im Gotteshaus sind. Er möchte doch mit dem Schlüssel zur Kirche kommen. Er konnte den Sachverhalt schon am Telefon klären, denn nur die Orgelbauer konnten das sein. Unser Glück war es, dass der Pastor noch nicht schlief. Er erwartete noch einen Anruf von seiner Tochter. Sonst wäre unser nächtliches Tun nicht so einfach abgelaufen. „Und wegen der Gaslaternen drohte er uns

mit erhobenen Zeigefinger: „Das war gar nicht so einfach aus der Welt zu schaffen, der liebe Herrgott sieht eben alles.“

Ein anderes Mal stellten wir unsere Betten in einem Hamburger Gemeindehaus auf. Zum Einschlafen entlockte ich einem alten Klavier ein paar verstimmte Töne. Auch wenn es ein bisschen schräg geklungen haben mag, waren die Schlaflieder „Hohe Tannen“, „Ade zur guten Nacht“ und „Der Mond ist aufgegangen“ gut herauszuhören.
Mitten in der Nacht auf einmal ein tierischer Schrei: „Hör' endlich auf, Klavier zu spielen!“, so mein erboster Arbeitskollege Rudolf. Schlagartig war ich hellwach, trotzdem wusste ich nicht, was passiert war. Rudolf saß aufrecht im Bett und rieb sich verwundert die Augen, als er mich nicht mehr am Klavier sitzen sah. Mein Musizieren muss ihm wohl so viel Freude bereitet haben, dass er davon noch lange geträumt hatte.

Wir liefern eine neue kleine sechsregistrige Orgel für das Krankenhaus in Rotenburg an der Wümme. Bei der Anlieferung per Lkw regnet es. Es hat den Anschein, dass es auch nicht so schnell wieder aufhören wird. Vorsichtig bugsieren wir den Lkw rückwärts an den Haupteingang heran. Vor dem Portal, das mit einem Schutzdach versehen ist, bleiben wir stehen. Der Regen wird stärker und wird durch den starken Wind sehr unangenehm. Wir messen die Höhe der Eingangsdecke und stellen fest, dass der Lkw drunterpasst und ganz bis an die Eingangstür heranfahren kann. Vorsichtig und ganz langsam beobachten wir diesen Vorgang. Es passt. Nun können wir im Trockenen den Lkw ausladen. Beim Ausladen der restlichen Orgelteile ist ein leises Knirschen zu vernehmen. Wir machen uns aber noch keine Gedanken. Alle Orgelteile sind an Ort und Stelle, die Pfeifenkisten und Decken wieder im Lkw verstaut.

„Tschüss Ernst, und komme gut wieder nach Hause!" Er startet den Lkw-Motor und will langsam wieder herausfahren. Was ist denn das? Das Knirschen wird stärker. „Halt! Halt!", so unser Ausruf, „der Transportkasten sitzt unter der Portaldecke fest!" Durch die Erleichterung des Gewichts drücken die Federn den Transportkasten in die Höhe und klemmen das Fahrzeug ein. Im ersten Moment standen wir da wie begossene Pudel. Was nun?

Der Krankenhausportier half uns aus der Patsche. Alles was zwei Beine hatte, sprang auf die Ladefläche, egal ob Krankenschwester oder Arzt. Es sah lustig aus, die weiß bekittelte Menschenfracht. „Darf es noch ein Pfund mehr sein?", dachte ich unweigerlich. So langsam löste sich unser Gefährt von der Decke. Nun sahen wir die Bescherung. Alle elektrischen Lampen unter der Portaldecke haben das nicht überstanden. Die Glasfassungen waren alle zersprungen, aber sie brannten noch. Wären die Lampen nicht gewesen, hätten wir sicherlich die hölzerne Decke verschrammt oder vielleicht auch heruntergezogen. Wer weiß? Bei diesem Malheur haben wir noch Glück gehabt! Doch wozu ist man denn letztlich versichert? Unser Buchhalter und unser Chef machten ein Gesicht, als ob sie es selbst bezahlen müssten. Am liebsten hätten sie den Schaden auf uns unschuldige Orgelbauer abgewälzt. Aber sind wir etwa Lkw-Fahrer?

Es ist üblich, dass beim Einbau einer neuen der Orgel bzw. beim Abbau einer historischen Orgel keine unnötigen Wege gemacht werden. Das heißt, wenn wir einen Neubau erstellen, nimmt man beim Weg auf die Empore immer ein Orgelteil mit hinauf. Beim Abbau geschieht das in umgekehrter Reihenfolge. Wir sind zu dritt in Groothusen in Ostfriesland und zerlegen die historische Orgel, die im Jahre 1801 von Johann Friedrich

Wenthin erbaut wurde, in ihre Einzelteile. Sobald einer die Empore verlässt, nimmt er ein ausgebautes Teil mit nach unten ins Kirchenschiff. Größere Teile werden gemeinsam über die Emporenbrüstung nach unten gereicht. Unser Chef ist mit dabei. Wir machen ihn darauf aufmerksam, diese Regel zu befolgen. Er sieht das selbstverständlich auch so und tut, als ob er das schon viele Jahre immer so gemacht hat. Wir nehmen das zur Kenntnis. Diesmal passen wir aber auf und lassen auch keine Ausreden mehr zu. Bei Nichtbefolgung wird eine Strafe auferlegt. Auch wenn unser Chef unter ein besonderen Paragrafenschutzgesetz fällt.
Folgende Gesetze sind innerhalb des Betriebes festgelegt:
Paragraf 1: Der Chef hat immer recht.
Paragraf 2: Sollte der Chef einmal nicht recht haben, tritt automatisch Paragraf 1 in Kraft.
Wir einigten uns auf ein flüssiges ostfriesisches Gedeck in Form von Korn und Bier. Alle Beteiligten sind einverstanden.
Die Arbeit läuft routinemäßig von der Hand. Wir sind ein eingespieltes Team und bringen viel Erfahrung mit. Deshalb sind die Gespräche untereinander zwanglos. Sie beinhalten nicht den Orgelbau, sondern wir sprechen über Fußball und sonstiges belangloses Zeug. Unser Chef ist richtig froh, einmal dem Schreibtisch entronnen zu sein und andere Gesichter um sich herum zu haben. Die Mittagszeit naht. Wir bringen unsere ausgebauten Orgelteile auf die Empore. Friedrich (Fidi) und ich haben uns abgesprochen und stecken uns unauffällig eine kleine Holzpfeife in unsere Tasche. Wir sind so sehr in dieses Fußballgespräch vertieft, dass wir unseren Chef, ohne dass er ein Orgelteil in die Hand nimmt, Stufe für Stufe, immer noch im Gespräch verwickelt, von der Empore nach unten lotsen. Nun hatten wir ihn beim „Wickel." Respekt war gleich Null. Er musste sich allerhand anhören. „Und ihr," sagte er, „ihr habt

auch nichts mit heruntergebracht!“ „Große Töne und nichts dahinter!“ Ein Schmunzeln huschte über unser Gesicht. Als er uns noch ein paar passende Töne sagen wollte, zogen wir triumphierend die kleine hölzerne Orgelpfeife aus unserer Tasche. Alle guten Vorsätze waren dahin, und verloren hatte er auch noch.
Nun mussten wir auf der Hut sein, denn mehrere Vergesslichkeiten konnten wir uns nicht erlauben. Auch wenn diese lustige Vergesslichkeit uns zu einem feucht-fröhlichen Abend verholfen hatte, den klaren Kopf zur Vorbereitung der Orgelrestaurierung mussten wir erst einmal behalten.

Durch einen Schwelbrand in der Kirche haben das Inventar und die Orgel großen Schaden erlitten. Die Orgel wurde repariert und überholt. So erhielt sie auch einen neuen, frei stehenden Spieltisch mit elektrischen Trakturen. Während der Intonationsarbeiten hat sich im Spieltisch ein Fehler eingeschlichen, der von den Intonateuren nicht beseitigt werden konnte. So blieb uns nichts anderes übrig, als unseren Spezialisten dorthin zu schicken. Da wir noch an anderen Orgeln in Schleswig-Holstein Terminarbeiten hatten, waren wir zu dritt, einschließlich Chef, unterwegs. Am späten Nachmittag trafen wir vor Ort ein. Da wir uns auf eine längere Zeit eingestellt hatten, haben wir unseren obersten „Hirten“ erst einmal auf Zimmersuche geschickt. In der Zwischenzeit haben wir unsere Werkzeuge auf die Empore gebracht. Unser Gerd, Spezialist in allen elektrischen Fragen, hielt es nicht für nötig, sein Arbeitszeug anzuziehen. Er öffnete die hinteren Türen des Spieltisches und richtete seinen „schlauen Blick“ auf die Schaltungen. Man konnte es ihm ansehen, dass er wusste, wo der Fehler lag. Er nahm seinen kleinen Lötkolben aus der Werkzeugtasche, und mit ein paar schnellen Handgriffen war der Schaden behoben. Unser Chef war immer noch nicht zurück. So konnten wir in aller Ruhe alle elektrischen Steuerungen auf Funktionssicherheit überprüfen. Alles war einwandfrei! Wir räumten unsere Siebensachen ein, zogen aber unsere Arbeitsklamotten an, um nicht zu verraten, dass die Arbeit bereits erledigt war. Nach geraumer Zeit kam unser Chef zurück. Irgendwie war er froh gelaunt. Ob er wohl schon an die abendliche Skatrunde dachte? Die Zimmersuche hatte Erfolg. Flugs noch die Arbeitsklamotten angezogen, ein Lied dabei fröhlich pfeifend, er klatschte in die Hände - ab an die Arbeit. Er setzte sich an den Spieltisch. Spielte alles durch und wusste nicht so recht weiter. „Was suchst du eigentlich?“, riefen wir ihm zu. Sein Blick an uns gerichtet sprach Bände. Nicht einmal den Spickzettel konnte er finden, denn der war schon in unserer Tasche. „Du brauchst nicht weiter zu suchen, es ist schon alles erledigt!“, beruhigten wir ihn. Er traute dem Frieden nicht. Nochmals, doppelt und dreifach wurde durchprobiert. Nichts. „Könnt ihr mir verraten, was es war?“, wollte er wissen. Mit ernstem Gesicht packte er seine Sachen wieder ein, schüttelte den Kopf und murmelte etwas vor sich hin. „Ich freue mich ja“, wetterte er los, „aber dass ich mich noch umziehen musste und ihr nichts vorher gesagt habt, finde ich gar nicht toll.“ Trotzdem nahm er es uns nicht übel. Die Freude siegte. Die Zimmer wurden storniert, und spät in der Nacht waren wir wieder zu Hause.

Die Mitarbeiter in unserer Firma haben natürlich einige Vorteile. Sie können nach Feierabend in der Werkstatt ihre privaten Dinge erledigen, die Holzbearbeitungsmaschinen nutzen und die Materialien zu einem Vorzugspreis erhalten. Ein Orgelbauer benötigte einmal einen Kleintransporter, der ihm dann durch die Firmenleitung auch bestellt wurde. Er konnte von einer

Gemeinde 100 Tannenbäume bekommen, die er nicht mit seinem Pkw transportieren konnte. Auch hatte er an seinem Fahrzeug keine Anhängerkupplung. Unser Orgelbauer macht sich nun auf die Reise ins Südoldenburger Land. Was er bei seiner Ankunft in der Baumschule und bis zur seiner Rückkehr alles erlebt hat, ist uns leider nicht bekannt. Aber bei der Rückgabe der Transporterpapiere haben wir ihn gefragt, wie es ihm ergangen ist. Erst druckste er komisch herum, aber dann sprudelte es aus ihm nur so heraus. „Wisst ihr was, dort hätte ich auch mit dem Fahrrad hinfahren können. Die 100 Tannenbäume, die ich bekommen habe, sind Stecklinge, zusammengebündelt in der Größe von vier Klorollen. Die hätte ich in meinen Fahrradtaschen transportieren können!"
Na ja, was es nicht alles gibt?

Arme, kleine Kirchenmaus

Kalt ist es. Hoffentlich schneit es bald, damit meine Ein- und Ausgänge und mein gepolsterter unterirdischer Wohnraum ein bisschen wärmer werden. Auch habe ich dann ein bisschen mehr Schutz vor meinen Feinden. Hier in dieser ostfriesischen Landschaft, am Dorfrand von Suurhusen, muss ich sehr aufpassen auf Sperber und Bussard. Der Bussard hat im angrenzenden kleinen Wäldchen seinen Horst und der Sperber in der alten evangelisch-reformierten Kirche sein Nest. Der Kirchturm steht gewaltig schief. Er ist der schiefste Turm der Welt (über 5° Neigung) und im Guinnessbuch der Rekorde eingetragen.
Der Hunger treibt mich ins Freie. Von Bussard und Sperber nichts zu sehen. Dass sie es in dieser kalten Jahreszeit sehr schwer haben, ausreichend Futter zu finden, verstehe ich ja, aber mich sollten sie schon zufrieden lassen.

Glockengeläut dringt in mein Ohr. Hier in der Neubausiedlung am Rande dieses Feldes haben die Menschen eine neue evangelisch-reformierte Kirche gebaut und im Jahre 1977 eine kleine fünfregistrige Orgel mit einem angehängten Pedal eingebaut. Heute ist Sonntag und wieder Gottesdienst. Ich sehe einzelne Besucher, die durch die offene Tür gehen. Bitte lasst die Tür länger offen als sonst. Dann könnte ich mit hineinschlüpfen und mich ein bisschen aufwärmen. Vorsichtig schleiche ich mich heran. Kaum bin ich in der warmen Kirche, schlägt hinter mir die Tür zu. Oh, die vielen Menschen! Wo soll ich mich so schnell verstecken? Ich husche unter die Orgelbank, quasi beim Organisten durch die Beine. Schnell noch unter der Pedalklaviatur hindurch, und ich bin in der kleinen Orgel erst einmal in Sicherheit. Ich verstecke mich in der hintersten Ecke und nehme so ungewollt am Gottesdienst teil. Die Orgel spielt auf. Wundervoll, warmherzig und wohltuend erklingen die Register. Die Gemeinde stimmt in den Gesang ein. Neben der Orgel muss vermutlich der Kirchenchor stehen. Der saubere Klang übertönt die „brummigen" Stimmen der Gemeinde. Der Pastor spricht zu der Gemeinde und bittet sie, die Eingangstür nur so lange wie nötig offen zu halten. Hier gebe es viele Feldmäuse. Auch wenn es niedliche Tiere seien und Gottes Geschöpfe, so könnten sie durchaus viel Schaden an der neuen Orgel anrichten. „Damit meint er doch wohl nicht mich?" Ich will mich doch nur aufwärmen, und dann verlasse ich euch wieder. Zum Schluss spielt noch einmal die Orgel auf. Wie komme ich hier bloß wieder raus, ohne dass einer mich bemerkt? Starkes Stuhlgeschiebe nehme ich wahr. Der Gottesdienst ist zu Ende, die Gemeinde verlässt die Kirche. Ich traue mich nicht, durch das Gewirr der vielen Menschenbeine hinauszulaufen. Ich warte noch einen kurzen Moment, dann versuche ich, so schnell wie möglich ins Freie zu kommen. Wumms – die Tür schlägt vor mir zu. Nun bin ich gefangen. Nachdem der erste Schreck verflogen ist, inspiziere ich die Kirche. Ein paar Kuchenkrümel von der letzten Teetafel stillen meinen Hunger. Ich krieche in die Orgel zurück und versuche, es mir bequem zu machen. Zur Auspolsterung meines Nachtlagers knabbere ich die Lederringe aus der Spielmechanik an. Von der Technik kann ich nichts gebrauchen. Alles ist aus Eichenholz gefertigt, und dies Holz ist zu hart für meine Zähne. Früher haben sie als Materialeinsparung, sicherlich auch aus Kostengründen, die Splintkanten des Eichenholzes mit verarbeitet. Mit Splintholz werden die äußeren Jahresringe des Baumes bezeichnet. Sie dienen der Saft- und Wasserführung und sind in der Farbe im Vergleich zum Reife- und Kernholz viel weicher und heller und somit zur Verarbeitung nicht geeignet. „Die könnte ich dann zur Not klein raspeln und auch als Magenfüller nutzen.", sagte ich mir.

„Oh, sieh mal, Schafleder, das ist genau das richtige Polster für mein Lager." Ich laufe über die hinteren Tasten der Manualklaviatur und bin mit einem Satz beim Faltenbalg. Die Orgelbauer haben erstklassige Arbeit geleistet. Es ist gar nicht so einfach, einen Anfang zu bekommen. Schade, dass der Balg, das Herzstück der Orgel, zusammengeklappt ist. Darum ist es noch schwerer, an das nach innen gefaltete Leder heranzukommen. Aber mit meiner Ausdauer und Zähigkeit gelingt es mir, ein kleines Loch hineinzubeißen. Ich nehme nur so viel wie nötig, ein kleines Loch kann doch wohl nicht schaden, und die Orgel bleibt ganz bestimmt spielbereit - denke ich zu meiner Beruhigung. So wandere ich hin und her. Mehrmals vom Faltenbalg über die Manualklaviatur zu meinem Lager. Irgendwo muss ich auch mein unverdautes Futter lassen, und dass ich meine Notdurft ausgerechnet auf der Manualklaviatur loswerde, kann doch nicht so schlimm sein. Die kleinen „Ködel" werden sich doch nicht zwischen den Tasten verklemmen? Mir gefällt es

hier ganz gut, und ich werde die Winterzeit in der Kirchenorgel überbrücken. Lass es doch draußen frieren und schneien, wie es will, hier ist es schön gemütlich und warm. In der Kirche bleibt es immer temperaturbeständig, das schreibt die Landeskirche so vor.
Nach zwei Tagen kommt zur Abendzeit der Organist. Ich verhalte mich ganz still. Er kommt zum Üben. Er stellt seine Noten auf das Notenbrett und wechselt in aller Ruhe seine Schuhe. Aha, die schmalen leichten Schuhe braucht er zum Spielen der Pedalklaviatur. Nun steckt er den Schlüssel zum Einschalten des Gebläses in das Schloss. Eine leichte Drehung nach rechts, und das Gebläse läuft. Nur zögernd hebt sich der Faltenbalg. Ein starkes Zischen ist zu hören. „Oh, hoffentlich sieht er nicht das Loch!" Er sieht es zwar nicht, hat es aber nun doch gehört. Er nimmt die Klappe über dem Vorsatzbrett heraus und erforscht die Ursache. Irgendetwas murmelt er, aber er kümmert sich nicht weiter darum. Die Klappe wird wieder eingesetzt, und er beginnt mit seinen Orgelchorälen. Da habe ich aber Glück gehabt. Mehr darf ich nicht beschädigen. Eine Mausefalle, womöglich noch mit angebratenem Speck – wer kann da widerstehen –, wäre unwillkürlich mein Ende.
„Wer kommt denn da?" Ich sehe den Pastor, den Küster und noch einen Mann. Sie gehen zur Orgel und unterhalten sich über die störenden Nebengeräusche. Der Pastor spricht in einem härteren Ton und schimpft mit dem fremden Mann: „Eine neue Orgel, nicht einmal vier Wochen alt, und schon die ersten Mängel. Wo soll das hinführen?" Er wehrt sich mit Worten: „Lieber Herr Pastor – die Orgel ist vom Orgelsachverständigen abgenommen worden. Uns wurde erstklassige Arbeit bescheinigt. Und bei der Orgeleinweihung wurde sie in den höchsten Tönen gelobt." Mit schnellen Griffen öffnet der Fremde die Klappen und Türen. Das muss ein Fachmann sein, si-

cherlich ein Orgelbauer. „Hoffentlich sieht er nicht die Mäuseködel?", frage ich mich besorgt. Doch noch sagt er nichts und schaut sich erst einmal alles in Ruhe an, auch den Balg. Beim Anstellen des Gebläses erkennt er sofort das angeknabberte Leder am Balg. Mit einem kunstvoll geschnittenen Flicken dichtet er das Loch ab. Nun zeigt er dem Pastor und dem Organisten die Spuren der Mäuse. „Aha, mehrere, nicht nur ich! Da habe ich aber Glück gehabt! Wenn der wüsste!" Fremdverschulden, Mäuse und dergleichen sowie die Stimmung der Orgel fallen nicht unter die Garantie, so steht es im Vertrag. Zähneknirschend nahm der Pastor das zur Kenntnis. Ruckzuck waren auch die Mäuseködel beseitigt, und als Empfehlung sprach er aus, dass es vorteilhaft wäre, eine Mausefalle aufzustellen. Zu meinem Glück stand die Einganstür offen, und schnell verließ ich diesen für mich nun zu gefährlich werdenden Ort.
Nun sitze ich wieder unter der kalten Wiese und habe manchmal eine doch große Sehnsucht nach meinem warmen Orgelkämmerlein. Doch das habe ich mir selbst zuzuschreiben, hätte ich nur nicht das Leder angeknabbert.
„Ach, ich arme, kleine Kirchenmaus!"

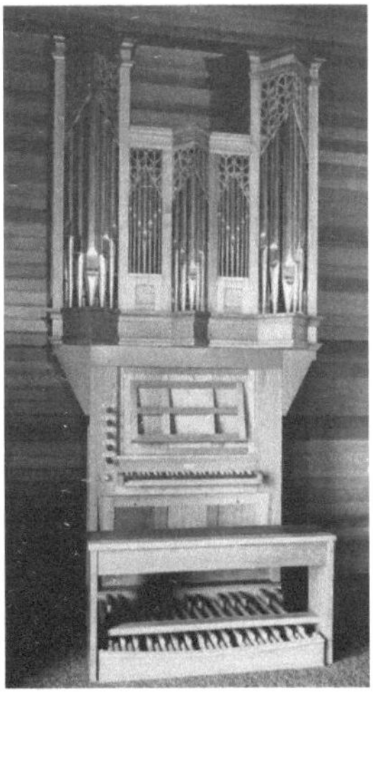

Manual C - g^3		Pedal C - f^1
1. Gedackt	8`	angehängt
2. Prinzipal	4`	
3. Rohrflöte	4`	
4. Oktave	2`	
5. Mixtur 3fach	1`	

Orgel in der evangelisch-reformierten Kirche zu Suuhrhusen / Ostfriesland

Verflixte Technik.
Heuler - und was es noch so gibt.

Was ist ein Heuler? Ist es ein Seehundjungtier, das dauerhaft seine Mutter verloren hat? Oder ein Feuerwerkskörper? Oder vielleicht ein Kleinkind?
Nichts dergleichen. Bei einer Orgel ist der Heuler ein klemmender Ton, der sich nicht wieder von selbst abschaltet - also ein fehlerhaftes Fortklingen eines Tones, wenn die Pfeife wegen eines technischen Mangels einen Luftstrom oder Wind bekommt und deshalb einen Ton von sich gibt.
Viele Orgelbauer können ein „Lied davon singen". Ärger über Ärger. Wenn ein Dreckkrümel auf dem Ventil liegt, ist es das kleinste Übel. Man öffnet das Ventil, nimmt eine Gänsefeder und säubert damit die Ventilfläche. Schon ist alles behoben. Manchmal ist es nur eine Bagatelle. Man fährt viele Kilometer - zum Beispiel drei Stunden Autofahrt und zehn Minuten Arbeit. Das steht in keinem Verhältnis. Meistens wird schon in einem Telefongespräch versucht, die Technik zu erklären, um den Fehler beheben zu können. Wenn das nicht funktioniert, muss der Orgelbauer die Autofahrt auf sich nehmen. Leider.
So musste auch ein Orgelbauer eines Tages von Wilhelmshaven ins Ruhrgebiet. Und das auch noch an einem „heiligen" Sonntag. Abends war ein Orgelkonzert angesagt, und unser - im Ruhrgebiet wohnender -Orgelbauer war in seinem wohlverdienten Urlaub. Mich hatte es erwischt. Ich machte mich frühmorgens auf den Weg, um abends noch etwas vom Sonntag zu haben. Gedanklich ging ich beim Autofahren schon alles durch. Zum Glück war es ein dreimanualiges neues Instrument, und wenn alle „Stricke" reißen sollten, könnte ich das „heulende" Manual stilllegen. Frohen Mutes kam ich am Ziel an. Ich wurde schon freudig erwartet, denn der Organist wollte noch ein biss-

chen üben. Mit einem Lied auf den Lippen und froh gestimmt, nahm ich mein Handwerkszeug und begab mich zum Instrument. Ich regulierte die Spieltrakturen, überprüfte die beweglichen Teile und reinigte die Ventile. Wie von Zauberhand war auf einmal der Heuler weg. Ich bat den Organisten, die Manuale durchzuspielen, damit auch wirklich alles in Ordnung ist. Ausgerechnet im Hauptwerk blieb etwas hängen - kein Heuler, aber beim Drücken der Taste kam der daneben liegende Ton mit. Was nun? Nochmals überarbeitete ich alle beweglichen Teile der Spieltraktur. Nichts! Es war zum Heulen! Langsam lief mir auch die Zeit weg. Auch hatte der Organist keine Chance zum Üben. Man dachte schon darüber nach, das Konzert ausfallen zu lassen. Das wollte ich nicht auf mir sitzen lassen. Ein ausgebildeter Orgelbauer bekomme den Fehler nicht weg, dieses Urteil wäre mir gegen meine Berufsehre gegangen. Ich bat den Organisten, mich für ein paar Minuten allein zu lassen. Er machte mich schon ganz nervös. Der Schweiß stand mir auf der Stirn. In meiner Verzweiflung habe ich mit der Faust auf die Tasten geschlagen. Was war denn das? Was ist denn da hinuntergefallen? Ich traute meinen Augen nicht. Ein Schnipsel, ein Metallstück von einer Orgelpfeife abgeschnitten, kam zutage. Es lag seitlich verklemmt zwischen den Tasten. Beim Drücken der einen Taste nahm es die andere mit. Ich habe unsere Intonateure verflucht. Beim Abschneiden der Metallpfeifen auf Tonlänge ist das kleine Metallstück nicht dort gelandet, wo es hin sollte. Wie es zwischen die Tasten gekommen ist, ist mir bis heute noch ein Rätsel. Meinen Trick, wie ich es wieder in Ordnung bekommen hatte, habe ich noch nicht verraten. Alle, Pastor und Organist, waren froh und glücklich, dass ich es noch in allerletzter Minute hinbekommen habe. Die ersten Besucher nahmen schon Platz. Ich blieb bis zum Ende des Konzerts, schaute dem Organisten auf die Finger und bewunderte ihn,

mit welch einer Leichtigkeit er die Königin der Instrumente beherrschte. Heiß und kalt lief es mir über den Rücken. Ob das wohl nur vom Daumendrücken gekommen ist? Es ist alles gut gegangen. „Der aufbrausende Applaus beim Schlussakkord - hat der vielleicht auch mir gegolten?", dachte ich zufrieden. Organist und Orgelbauer blieben vor Ort. Beim allerletzten Glas Wein, kurz vor dem Zubettgehen, habe ich ihm gezeigt, wie man einen Heuler beseitigt.
Wir haben Tränen gelacht!

Falsche Töne -
haste Töne?

Wieder klingelt das Telefon in unserer Firma. Eine einheimische Organistin bittet wegen eines technischen Problems um den Besuch eines Orgelbauers. Ich bot ihr an, am späten Nachmittag noch zu kommen.

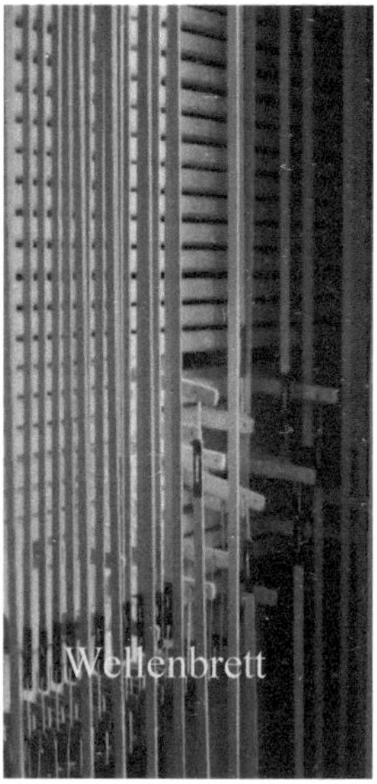

Wenn man die Manualtaste C drücke, so demonstrierte sie mir, kommt nicht der Ton C, sondern D, und auf der anderen Seite kommt Dis, wenn man Cis drücke. Sprachlos stand ich daneben, konnte es erst nicht glauben. Ich probierte es selber - es war kein Scherz.
„Das kann doch nur an der Spielmechanik liegen", dachte ich bei mir und öffnete die Rückwandtüren des Orgelgehäuses. Zum Glück ist die Organistin am Spieltisch geblieben und konnte den Streich, den womöglich ihre Orgelschü-

ler ausgeheckt hatten, nicht sehen. Die Abstrakten vom Winkelbalken zum Wellenbrett waren über Kreuz eingehängt. Der Ton C auf D, D auf C und auf der anderen Seite Cis auf Dis und Dis auf Cis. Ich musste mich beherrschen, um nicht laut loszulachen. Ich bat die Organistin, am Spieltisch zu bleiben und die entsprechenden Tasten festzuhalten, damit ich die Töne leichter finden kann. So konnte ich, ohne jemand zu verraten, den Schaden beheben. Ich habe meine Arbeit als Betriebsgeheimnis betitelt. Ich konnte der Organistin nach bestem Wissen und Gewissen nicht erklären, wie so etwas passieren konnte, und mit einem Nuscheln im Bart - vielleicht spukt es hier - verlies ich die sprachlose Frau.
Am nächsten Tag erzählte ich unserem Azubi im dritten Lehrjahr, selbst Schüler an dieser Orgel, diese lustige Geschichte. Es platzte nur so aus ihm heraus. Er schüttelte sich vor Lachen. Erwischt - er war der Übeltäter! Normalerweise müsste er die Rechnung begleichen, aber wir haben es auf dem Kulanzweg erledigt. Das war uns der Spaß wert. Herrlich, jemand so hereinzulegen.

Ein „schwebendes" Verfahren

Wir sind auf dem Weg nach Hause. Vorher haben wir aber in der Firma angerufen, ob auf unserem Weg noch etwas zu erledigen ist. Ein kleiner Abstecher, und schon waren wir bei der Kirche. Küster und Organist waren überrascht, dass wir so schnell an Ort und Stelle waren. „Wir haben gerade erst den Telefonhörer aufgelegt und nun sind die Orgelbauer schon da!", riefen sie uns verschmitzt zu.
Diesmal heulte die Orgel nicht, viel schlimmer, ein Ton spricht nicht an. Bei einer mechanischen Orgel ist das doch ein Klacks!

Einer bewegte die Taste, und der andere verfolgte die mechanische Spieltraktur von der Taste bis hin zum Ventil. Alles schien in Ordnung zu sein. Wir machten den Windladenspunddeckel auf und überprüften die Ventile auf Dichtigkeit, spielten das Manual durch und beobachteten, ob die Ventile auch alle weit genug aufgingen. Nachdem uns alles in Ordnung erschien, setzten wir wieder den Spunddeckel ein und stellten den Orgelwind an. Mit einem leisen Zischen und Rauschen füllten sich Balg und Windlade. Frohen Mutes und mit der Gewissheit, dass alles in Ordnung ist, überprüften wir Ton für Ton. Unsere verdutzten Gesichter kann man nicht beschreiben, der betreffende Ton ging wieder nicht. Auch bei wiederholtem Anschlagen der betreffenden Taste rührte sich nichts: Noch mal die ganze Prozedur von vorn! Spunddeckel auf, Durchspielen der Ventile, Spunddeckel zu, Wind an! Nichts! Unsere Gesichter sprachen Bände. Zusätzlich haben wir noch an der betreffenden Stelle die Registerschleife und den Pfeifenstock nachgesehen. Alles ist einwandfrei. Auch die in Frage stehende Pfeife sprach tadellos an. Wir saßen nebeneinander auf der Orgelbank, schauten uns an und verstanden die Welt nicht mehr. „Wir können den Ablauf der Spielmechanik von der Taste bis hin zum Ventil doch sehen!“, riefen wir uns zu. „Nur, wir müssten auch in die Windlade hineinsehen können!“ „Wir brauchen eine Scheibe oder irgendetwas anderes, wo man hindurch sehen kann!“ Woher aber nehmen? Alle Betriebe haben schon Feierabend, und kein Glaser ist weit und breit zu finden. Küster, Organist und Pastor zuckten auch nur mit den Schultern. Die rettende Idee war eine Lupe, die wir im Sortiment der vergessenen Sachen fanden. Diese reichlich verzierte Lupe könnte sicherlich auch eine eigene Geschichte schreiben. Vermutlich gehörte das gute Stück einer älteren Dame, die sie nach dem

Lesen des Orgelkonzertprogramms versehentlich liegen gelassen hat.
Wir bauten mit vielen Tricks einen neuen Spunddeckel. An der betreffenden Tonstelle setzten wir die runde Lupe ein. Ich fiel fast in Ohnmacht. Das glaubt uns ja keiner. Das Ventil geht auf, aber der aufgebrachte Filz-Lederbelag hat sich gelöst. Der Orgelwind drückt nun den losen Belag an die Öffnung der Tonkanzelle. Die Ventilführungsstifte halten ihn auf Position. Das ist klar, so kann kein Wind hineinströmen. Die Reparatur des Ventils war ruck, zuck erledigt. Nochmals überprüften wir alle Ventile, damit so etwas nicht noch einmal passiert. Die rettende Lupe wechselte den Besitzer. Der Spezialspunddeckel gehörte nun zu unserer Ausrüstung. Das, was wie eine Kleinigkeit aussah, raubte uns fast die ganze Nacht.
Zum Arbeitsbeginn der neuen Woche erzählten wir es unseren Vorgesetzten, damit Maßnahmen ergriffen werden konnten. Unsere Arbeitskollegen in der Werkstatt waren nicht einmal darüber erstaunt. Sie taten so, als ob das nichts Neues wäre. Oder wollten sie sich nur keine Blöße geben? Unmöglich, dass sie das nicht weitergegeben hatten. Lausekerls! Man müsste ihnen im Nachhinein noch eins hinter den Ohren geben.

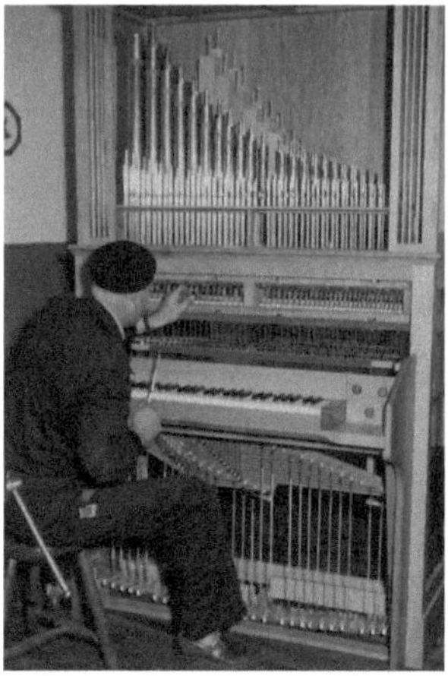

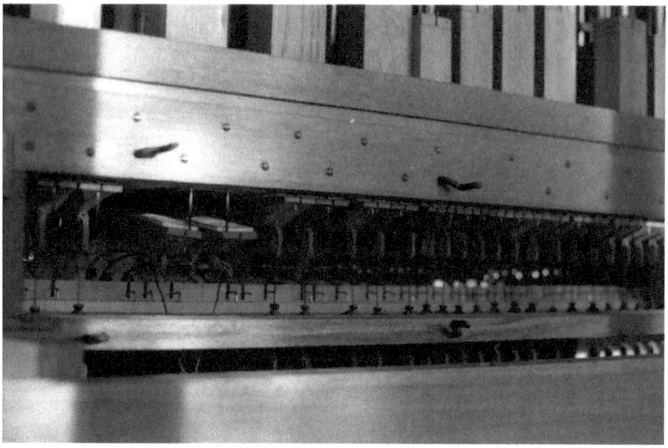

Geöffnete Windlade Zwei Tonventile geöffnet

Wer anderen eine Grube gräbt ...

„Du, Bernd," so Günter, „ich muss dir wohl erst einmal eine kleine Unterrichtsstunde geben über Stilepochen." „Warum?", frage ich. „Das erzähle ich dir später. Ich umreiße es dir nur ganz kurz, dann kannst du allerhand behalten."
Ich hatte anderes und etwas Wichtigeres zu tun, als mir etwas über Geschichte anzuhören. In der Schule war das schon nicht mein Gebiet. „Bernd: Setzen, fünf!", das hatte ich noch gut in Erinnerung. Auch auf der Meisterschule war das nicht anders. Ich hatte Schwierigkeiten mit den Epochen und den dazugehörigen Jahreszahlen. Aus lauter Verzweiflung habe ich das Thema auswendig gelernt. Zum Glück wusste ich noch allerhand bei der Prüfung. In knapp einer Stunde habe ich zwei DIN-A4-Seiten beschrieben, das hatte gereicht. „Nun lass mich endlich damit zufrieden.", blockte ich ab. Er ließ trotzdem keine Ruhe.

„Es nützt dir nichts," sagte er, „du musst schon wissen, ob du in einer Romanik-, Gotik-, Renaissance-, Barock- oder einer modernen Kirche gewesen bist."
„Also **Romanik** - 10. Jahrhundert," fing er an, „zu der Zeit entwickelte sich in Europa ein Baustil, den man romanisch nennt. Damit wird ausgedrückt, dass er seine Formen aus der Antike, also aus der römischen Kunst ableitet. Typisch sind Rundbögen, dicke, festungsartige Mauern mit kleinen Fenstern sowie Würfelkapitelle auf den Säulen. Wenn du einmal nach Speyer kommst, schau dir den Dom an. Es gibt auch noch eine ‚Doppelzeit', die **Romano-Gotik**." „Davon habe ich ja noch nie etwas gehört. Stimmt das auch?", fragte ich ganz erstaunt.
„Stammt aus den Niederlanden und ist ein Übergangsstil zwischen Romanik und Gotik." „Alles so halb," mein Zwischenruf, „das ist doch so, als wenn wir von einem von einer Fremdfirma gebauten Instrument eine Führer-Orgel machen wollten oder sogar noch eine Arp-Schnitger-Orgel!" Dann schau dir mal den östlichen Teil der reformierten Kirche in Bunde an. Die Hauptmerkmale sind dekorative Schmuckformen wie Rundbogenfriese, Blendarkaden, Rundfenster und Ziermauerwerk.
„Altreformierte Kirche oder reformierte Kirche, wo? Welche Kirche meinst du?", so mein Zwischenruf. Er ließ sich nicht aus dem Tritt bringen und machte einfach weiter. „**Gotik -** der Begriff wurde im 16. Jahrhundert geprägt. Zu erkennen an Spitzbögen und Rippengewölbe oder spitzbogigen Fensterblenden. In der Architektur unterscheidet man auch Früh-, Hoch- und Spätgotik." „Die **Renaissance,"** erzählte er weiter, „bedeutet Wiedergeburt und wird als Stilbezeichnung für die in Italien entstandene Kunstform gebraucht, die die künstlerischen Ideale der Antike zu neuer Geltung brachte. Die Stilepoche **Barock** stammt vom portugiesischen „Barocco" ab. Der norddeutsche Barock ist schlichter als die prachtvolle Gestaltung der südli-

chen Regionen. Na, Bernd, über moderne Kirchen brauche ich dir ja nichts zu berichten." „Toll, lieber Günter, was du alles weißt! Was hast du eigentlich für ein Heft auf deinem Zeichenbrett liegen? Hast du vielleicht das alles abgelesen?" Mir war das egal. Zugegeben, ein bisschen habe ich doch von seinen Erzählungen gelernt.

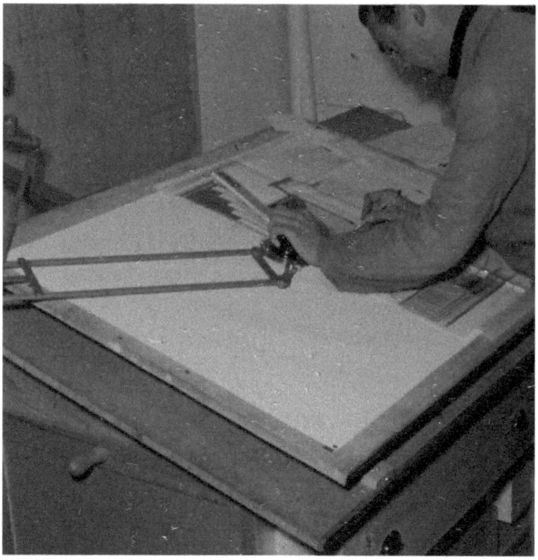

„Bist du nun in Havixbeck in einer gotischen oder in einer barocken Kirche gewesen? Schau dir einmal meine Zeichnung nach deinen Maßen an. Wie soll ich für den Kostenanschlag zum Neubau einer Orgel eine korrekte Entwurfszeichnung anfertigen? Nach oben hin ist alles schlank und rank und im untersten Bereich, auf der Empore, bauchig. Warum?"
Was war passiert?
„Los, beeile dich," so mein Chef, „die Meterstangen für die Höhenmessung habe ich schon eingepackt. Du brauchst nur noch deine Utensilien." Flugs griff ich die Zweimeterstäbe von meinem Schreibtisch, dazu den Zeichenblock und meinen Schreibkram. Wir fuhren mit zwei Autos, da er noch andere Kunden besuchen musste. Auch die Gemeinde Havixbeck wollte nicht länger auf den Orgel-Entwurf einschließlich Kostenvoranschlag warten. Wir trafen uns in der katholischen St.-Dionysius-Kirche zu Havixbeck. Er war schon dabei, die Raumakustik zu ermitteln. An seinem Kopfnicken konnte ich erkennen, dass die Nachhallzeit, die ein Ton noch im Raum nachklingt, wohl sehr

gut sein muss. Wenn sie etwa 2–3 Sekunden beträgt, klingt eine Orgel am besten. Ist sie kürzer, macht sie den Klang trocken. Bei zu großen Nachhallzeiten, in großen Domen oder Kathedralen, werden die Töne verwischt.
Von dem berühmten Orgelbauer Gottfried Silbermann, 18. Jahrhundert, wird erzählt, dass er sich vor dem Beginn des Orgelbaus in der Mitte der leeren Kirche hinstellte und mit seinem Spazierstock heftig auf den Boden klopfte. Nach Art und Dauer des Nachhalls bestimmte er die Disposition der Orgel und die Mensur der Pfeifen.
Soweit waren wir noch nicht. Wir mussten erst einmal den Auftrag haben.
Die Höhe von dem Emporenfußboden bis zur Decke der Kirche haben wir gemeinsam ausgemessen. Es war eine akrobatische Leistung, die zehn ineinandergesteckten hölzernen Meterleisten gerade in die Höhe zu halten. Der fehlende Rest, von den Stangen bis zum Fußboden, wurde per Metermaß gemessen und dazugerechnet. Die restlichen Maße musste ich alleine nehmen. Meinem Chef saß der nächste Termin im Nacken. Ich nahm alle erforderlichen Maße und trug sie in meine Skizze ein. Danach packte ich meine Siebensachen zusammen und machte mich auf den Heimweg. Die Maße zum Entwurf der neuen Orgel brachte ich ins technische Büro. Bei der Frage, warum etwas mit den Maßen nicht stimme, lief es mir heiß und kalt den Rücken herunter. Auf meinem Schreibtisch lag seit geraumer Zeit zu den normalen Zwei-Meter-Stäben ein „Schabernackzollstock". Den Schriftzug
– **Achtung 20 % mehr** – hatte ich wohlweislich künstlerisch verschwinden lassen. In meiner Eile griff ich ihn und nahm damit etliche Maße. Warum ich damit gemessen habe, ist mir heute noch ein Rätsel. Meine Idee, einen Kollegen damit he-

reinzulegen, geriet auf diese Weise zu einem Schuss nach hinten.
Der Zollstock wanderte sofort in den Ofen. Mein freies Wochenende hieß nun Havixbeck. Auch wenn unser Betriebsleiter, ebenfalls für die Zeichnungen zuständig, das mit den Maßen hinbekommen hätte, das wollte ich nicht auf mir sitzen lassen. Wer anderen eine Grube gräbt, fällt selbst hinein!

Echt oder Ente?

Wir, Friedrich (Fidi) und ich, sind in Schleswig-Holstein, genauer gesagt, im Westteil der Landschaft Eiderstedt in Katharinenheerd. Dieser kleine Ort, mit 195 Einwohnern, hat eine sehenswerte kleine Dorfkirche mit einem abseits stehenden Glockenturm. Hier restaurieren wir die Orgel. Der Küster, mit Vornamen Marten, Maurer, Tischler und Zimmermann in einer Person, ein Tausendsassa, kann fast alles und hilft uns bei kleineren und auch größeren Problemen. Er besucht uns oft und lässt uns auch nicht verdursten. Da die Kirche kein Gemeindehaus hat, geschweige denn eine Toilette, dürfen wir ihn zu Hause besuchen. Frühmorgens ist es uns unangenehm, seine Frau oder ihn zu stören. Flugs mit Schippe und Papier, quer über den Friedhof, den Sprung über den Weidezaun, Querung der Eisenbahnlinie Sankt Peter Ording, Garding, Katharinenheerd, Kotzenbüll, Tönning mit Anschluss nach Husum, ins angrenzende Wäldchen. Es war wirklich die einzige Möglichkeit, heimlich sein Bedürfnis zu erledigen. Einmal entdeckte uns der Zugführer. Sein Signal ließ alle aufschrecken.
Unser Quartier haben wir in Tetenbüll, knapp 4 Kilometer von Katharinenheerd entfernt, bezogen. Das gemütliche Gasthaus hat schöne Fremdenzimmer und eine gute Küche. Zu empfeh-

len, aber nur auf Vorbestellung, ist ein Mehlbüddel, eine süße Kalorienbombe. Diese Spezialität des Hauses haben wir uns bestellt, aber vorher musste der Wirt uns erzählen, welche Zutaten in den Teig kommen und wie er hergestellt wird. Zur Mittagszeit saßen dort auch am runden Tisch die Viehhändler und Bauern in gemütlicher Teerunde. Wir beobachten sie und wunderten uns, dass sie von Runde zu Runde immer lustiger wurden. Sie lächelten uns fröhlich zu und bekräftigten uns darin, den Mehlbüddel zu bestellen. Immer lustiger wurde die Runde, und wir wollten diesen Tee auch einmal probieren. Iiigittegitt, wir schüttelten uns. Das ist Tee mit einem klaren Schnaps. Teepunsch nennt man das hier. Da bleiben wir lieber bei unserem Grog. Und wenn es nicht anders geht, trinken wir auch mal Tee mit einem Schuss Rum. Aber das hier war nichts für uns. Der Wirt setzte sich zu uns und erläuterte uns den Mehlbüddel. Dieser Hefekloß wird aus folgenden Zutaten vorbereitet: 500 g Mehl, 1/4 Liter Milch, 1 Ei, 40 g Hefe, 1 Teelöffel Zucker, 1 Esslöffel Schmalz und zu guter Letzt kommt auch noch 1 Prise Salz hinein. „Hört sich doch gut an?“, so unser Wirt, „ich muss erst noch die Runde bedienen und dann erzähle ich euch das weiter.“ Der Wirt setzte sich wieder zu uns. „Das ist eine Wissenschaft für sich“, so fing er an, „zuerst werden die Hefe und der Zucker in lauwarmer Milch angerührt. Wie beim Maurer, wenn er von Hand eine Mischung macht, so wird das auch mit dem Mehl gemacht. Es enthält in der Mitte eine Vertiefung und darin werden die restlichen Zutaten vermischt. Gut durchrühren und kneten und zu einem glatten Kloß verarbeiten. Diesen Teig dann mit einem Tuch abdecken, ruhen und aufgehen lassen. Jetzt kommt der spannendste Teil des Mehlbüddels. Sogar die lustige Runde spitzte die Ohren. Der Teig wird auf ein Geschirrtuch gegeben und samt Inhalt unter einen Deckel eines großen Topfes gebunden. In dem Topf wird Wasser zum Kochen gebracht. Aber Vorsicht, der Kloß darf auf keinem Fall das Wasser berühren. Nun wird der Kloß knapp eine Stunde im Wasserdampf gekocht. Ihr werdet euch wundern, wie gut das schmeckt. Dazu servieren wir gekochte Birnen mit Vanillesoße, und wenn ihr möchtet, könnt ihr auch noch zerlassene Butter dazu bekommen." Uns lief das Wasser jetzt schon im Munde zusammen. Wir waren nicht richtig bei der Sache, immer wieder mussten wir an den Mehlbüddel denken, den wir heute Mittag genießen können. In Ostfriesland gibt es den Mehlbüddel auch, dort nennt man ihn Mehlpütt, im Süden unseres Landes heißt er bayrische Dampfnudel! Vorab gesagt, geschmeckt hat er wunderbar. Ein Hoch der Köchin! Statt zurück zur Kirche und Orgelrestaurierung zu gehen, wünschten wir uns eine Hängematte, so schwer lag uns das Gegessene im Magen. Aber es nützte nichts, die Arbeit rief.

Zum Wochenende blieben wir in Katharinenheerd. Wir waren im Hallenbad von Bad Sankt Peter-Ording und brachten die Wassergymnastikgruppe ganz schön durcheinander. Bei „Hebt rechts hoch das Bein!" nahmen wir das linke, und die am Rande des Beckens stehende „Aufpasserin" beorderte die beiden „Lümmels" umgehend aus der Gruppe. Ein Besuch beim Fußballspiel in Tönning durfte auch nicht fehlen. „Keine Ahnung vom Fußball", so Fidi, „aber den richtigen Tipp auf den Gewinner!" Mein Freibier war gerettet.

Marten hatte in der nächsten Woche kaum Zeit für uns. Er musste den Friedhof herrichten und ein Grab ausheben, trotz Mistwetter. Eine Persönlichkeit, ein vom Fernsehen bekannter Sportjournalist, ist gestorben und wird am Sonnabend hier beerdigt. Das Grab hatte er schon am Donnerstag ausgehoben. Damit es nicht hineinregnet, hat er es mit allerhand Utensilien abgedeckt. Am Freitagabend traf sich der Kirchenchor in Tetenbüll. Marten musste dorthin und hat uns auch zum Singen eingeladen, was wir dankend abgelehnt haben. Wir wollten Marten ein bisschen „necken“ und zur Verstärkung haben wir mit dem Wirt ein Komplott geschmiedet. Da Marten zu diesem Treff immer mit dem Fahrrad kommt, wollen wir ihm sagen, dass die Abdeckung des ausgehobenen Grabes nicht gehalten hat und wir aus Sicherheitsgründen das Grab wieder mit Erde aufgefüllt haben. Der Wirt war ganz begeistert von dieser Idee. Zur Verstärkung wurden zusätzlich noch ein paar Sangesbrüder eingeweiht.

Die Chorprobe war beendet, und die lustige Sängerschar traf sich an der Theke. Nach ein paar Bieren beichtete Orgelbauer Fidi dem arglosen Marten das wieder zugeworfene Grab. Marten sah erst Fidi, dann mich erstaunt an. Er nahm uns nicht ernst, und sein Fingerzeig an seiner Stirn verstärkte seinen Ausdruck. Wir blieben bei unseren ernsten Gesichtern, auch der Wirt und die anderen verzogen keine Miene. „Du, Bernd“, so Marten, „das stimmt doch nicht! Das glaubt ihr doch nicht selber? Wenn das stimmt“, liebe Orgelbauer, „dann stellen wir den Sarg daneben, und im Beisein der großen Trauergemeinde sage ich, was Sache ist.“ Wir beharrten auf unserer Aussage und verzogen keine Miene. Nun halfen uns mit ernstem Gesicht der Wirt und die eingeweihten Sangesbrüder. Marten wusste überhaupt nicht mehr, wie er dran war. Noch machte er ein lustiges Gesicht zum bösen Spiel. Doch auf einmal war Marten weg. Der Wirt sah ihn noch mit seinem Fahrrad in der Dunkelheit verschwinden. 4 Kilometer hin, 4 Kilometer zurück, mag wohl eine Stunde dauern, bis er wieder zurück ist. Er ist nicht zurückgekommen, aber die Standpauke am nächsten Morgen in der Kirche war nicht von schlechten Eltern. „Ihr lieben Orgelbauer,“ so fing er an, „nachdem alle auf mich eingeredet hatten, war ich meiner Sache nicht mehr so sicher. In dieser regnerischen Nacht bin ich noch zum Friedhof geradelt. Zum Glück hat sich die Geschichte nicht bewahrheitet. Aber euch Orgelbauern wäre das zuzutrauen!" „Ja", lieber Marten, „euer Teepunsch hat uns ganz schön die Sinne benebelt, und dann müsst ihr euch nicht wundern, wenn so etwas dabei herauskommt!"

Ein kleiner Erlebnisbericht aus meinen Erinnerungen – von Harry Kolbeckel.

Der Zweite Weltkrieg mit seinen verheerenden Folgen war zu Ende, und alle mussten sich - mehr oder weniger - mit einem Neuanfang vertraut machen.
Die Wilhelmshavener Werft, bis dahin größter Arbeitgeber, hörte auf zu existieren. Die noch vorhandenen Werkstätten wurden von der Besatzungsmacht dem Erdboden gleichgemacht und noch vorhandene Maschinen, Geräte usw. nach Russland verfrachtet.
Für die vielen Beschäftigten begann jetzt eine Zeit der Ungewissheit. Ich war noch mit der Lehrlingsausbildung beschäftigt. Aber auch hier war das Ende abzusehen, und ich musste mich um irgendetwas anderes bemühen.
Über eine Freundin meiner Mutter - Frau Palma - hörte ich etwas von einem Orgelbaumeister, der da irgendwo in der Werftstraße eine kleine Werkstatt hatte. Ich muss ehrlich gestehen, von einem Orgelbaumeister hatte ich bis dahin noch nie etwas gehört und von einer Orgel auch nicht viel mehr. Aber irgendwie weckte es doch mein Interesse oder auch meine Neugierde, und so entschloss ich mich, diesen Orgelbaumeister mal aufzusuchen.
Eines Tages war es dann so weit, und ich unterhielt mich in einer kleinen Wohnung in der Marktstraße zum ersten Mal mit Alfred Führer. „Ein sympathischer Mann", das war mein erster Eindruck, und nach notwendigen Vereinbarungen - Stundenlohn 1,25 RM, 50 Stunden Normalzeit in der Woche und mit der Garantie für wenigstens 3 Monate Arbeit - nahm das Schicksal seinen Lauf und ein neuer Lebensabschnitt begann. Aus den 3 Monaten sind dann 32 Jahre geworden.

Ich möchte jetzt darüber kein eigenes Buch schreiben, sondern dieser Bericht ist einer von vielen schönen und auch nicht so schönen Erlebnissen und soll daran erinnern, wie es so früher war.

Zwei Mitarbeiter waren bei meiner Einstellung im Mai 1946 schon da: Emil Caspers und Emil Bock, und so nach und nach kamen dann Günter Ilchmann, Rolf Taube, Gustl Boscher usw. hinzu.

Zunächst wurde getischlert, Bäume (Rüstern) wurden in der Ebertstraße und auf dem alten Banter Friedhof gefällt, und so nebenbei waren wir auch schon mal in Sachen Orgeln unterwegs.

Die Montagen waren für uns sehr willkommen, wurden wir doch von der Gemeinde - manchmal auch nach harten Verhandlungen - verpflegt, und unsere Lebensmittelkarten kamen unserer Familie zugute. Was haben wir uns damals gefreut, wenn für uns mal von einer ländlichen Gemeinde eine Mahlzeit Feldbohnen gestiftet wurde. Und dann kam der Winter.

In der Werkstatt konnten wir noch Späne verheizen, aber zu Hause? Meine Frau war manchmal am Boden zerstört, wenn das letzte Stück aufgesuchtes Holz in den Ofen wanderte.

Aber eines Tages kam auch hier ein Lichtblick. Unser Alfred hatte Verbindung aufgenommen mit einem Orgelsachverständigen der reformierten Kirche. Enno Popkes war sein Name, und er wohnte in Ihrhove. Nach kurzer Verhandlungsdauer bekamen wir einen Überholungsauftrag in Neuringe (Grafschaft Bentheim). Als Anzahlung oder Verrechnungsware - wir trauten unseren Augen nicht - stand eines Tages ein LKW mit Torf vor unserer Werkstatt. Nach der Aufteilung hatten wir wieder alle was zu brennen, und es herrschte eitel Sonnenschein.

Aber die Gemeinde Neuringe wollte auch etwas dafür haben. Wir, das heißt Alfred und meine
Wenigkeit, packten eines Tages Koffer, Werkzeug und Material zusammen. Nach Verabschiedung von Frau und Kindern, denn für vier Wochen waren wir bei dieser Entfernung jeweils von der Familie getrennt, ging die Reise kurz nach Neujahr los: mit dem Omnibus bis Leer, weiter mit der Reichsbahn bis Salzbergen und die letzte Strecke bis Großringe mit der Bentheimer Eisenbahn. Es war bereits dunkel, als wir ankamen. Auch der Bahnhof war nicht beleuchtet, denn elektrischer Strom war Mangelware. Plötzlich hallte ein Ruf durch die Nacht: „Führer!" „Ja!", schallte es zurück, und wir konnten dann nach einigem Hin und Her den Kirchenältesten Swaweling aus Neuringe begrüßen. Er holte uns ab, und mit seinem Pferd und Wagen fuhren wir die letzte Etappe, ca. 6–7 Kilometer, nach Neuringe.
Frostig, hungrig und müde erreichten wir unser Ziel. Frau Swaweling - rund und gemütlich - empfing uns, und wir trauten unseren Augen nicht, als sie uns nach kurzer Zeit einen Teller voll frisch gebratener knuspriger Pfannkuchen auf den Tisch stellte. Wir haben uns sicher schwer zurückhalten müssen, um nicht wie ein paar Ausgehungerte darüber herzufallen. Aber mit jedem Bissen hellten sich auch unsere Mienen wieder auf, und die Strapazen des Tages waren schnell vergessen.
An eine Übernachtung im Dorf war nicht zu denken, die Moorbauern waren für solche Möglichkeiten nicht eingerichtet. Aber man hatte schon ein Quartier für uns ausfindig gemacht, und zwar in Rühlertwist. Nach einer Klönstunde machten wir uns auf den Weg. 5–6 Kilometer waren zu tippeln, und dann erreichten wir unsere Schlafstelle. Onkel Hermann nannte sich der Wirt, und ich habe es noch gut in Erinnerung, dass wir so in die Betten gekrabbelt sind, wie sie morgens von den Hamste-

rern verlassen wurden. Aber was soll's, wir waren müde und haben gut geschlafen.
Am anderen Morgen ging die Tippelei wieder los, und da unser Dorf Neuringe auch einige Kilometer lang war, haben wir uns ausgerechnet, dass wir bei dieser Lauferei kaum Zeit zum Arbeiten fanden, denn brauchbare Fahrräder gab es noch nicht. Wir zogen an der Kirche vorbei, und unser erstes Frühstück erhielten wir wieder bei dem uns schon bekannten Kirchenältesten Swaweling. Jetzt wurde der weitere Fahrplan besprochen. Zunächst brauchten wir einen Ausweis, um überhaupt in die Kirche hineinzukommen, denn alles, was sich links der Straße befand, war Niemandsland (Grenze zu Holland) und ein Betreten streng verboten. Die Ausweise erhielten wir von der Zollstation, und nun war es endlich möglich, unsere Arbeitsstelle in Augenschein zu nehmen. Die weitere Organisation klappte eigentlich ganz gut. Ein Bauer mit Namen Bojahn Cortmann (oder Baujann - weil er am Bauen war) brachte uns einen Wagen voll Torf, und damit konnte der große gusseiserne Ofen beheizt werden. Warm hatten wir es schon - und das war wichtig in dieser Jahreszeit. Mit einem langen Kabel holten wir uns den elektrischen Strom aus der Schule nebenan (sofern er nicht abgestellt war), und es dauerte gar nicht lange, bis unsere Werkstatt so einigermaßen eingerichtet war. Neue Überlegungen waren jetzt für uns von großer Bedeutung. Ich erwähnte schon, dass unser Laufpensum pro Tag kaum durchzuhalten war, und nach Rücksprache mit Cortmann war er sofort damit einverstanden, uns für ein Nachtlager genügend Stroh und Wolldecken in die Kirche zu bringen. Nachdem wir mit mehreren Mausefallen die Mäuse vernichtet hatten, sah es dann so aus, dass wir links von der Orgel unsere Werkstatt und rechts unsere Schlafstelle hatten, mit Waschmöglichkeit in der Schule.

Eine Zwischenfrage ist mir ja aus jetziger Perspektive erlaubt: „Was würde man heute wohl dazu sagen?"
Nun konnte auch unsere Arbeit mit der technischen und klanglichen Überholung einer etwas verkommenen einmanualigen mechanischen Orgel mit selbständigem Pedal beginnen. Das Instrument hat früher in Emlichheim gestanden, und nachdem sich die Gemeinde um die Jahrhundertwende eine moderne pneumatische Orgel angeschafft hatte, wurde ihre kleine Orgel in Neuringe installiert. Erwähnen muss ich noch, dass die Neuringer Orgel heute noch ihre Aufgabe erfüllt und die moderne Emlichheimer Orgel schon zu damaliger Zeit kaum spielbar war.

Ich will jetzt aber nicht in Fachsimpelei übergehen, sondern das ganze Drum und Dran etwas erläutern. Da wir beide auch Raucher waren, hat dann einer aus der Gemeinde Tabakblätter für uns gesammelt. Diese wurden bei Bedarf auf einem elektrischen Kocher getrocknet, zerrieben, in Papier eingedreht, dann schön waagerecht gehalten, angesteckt - und es qualmte.
Und nun zu unserem leiblichen Wohl: Da Neuringe aus 15-20 der reformierten Gemeinde zugehörenden Bauernhöfen und Moorlandstellen bestand, war jeder Bauer bereit, uns für jeweils einen Tag zu beköstigen, und das sah dann so aus, dass wir links beim ersten Bauernhof anfingen, das Dorf aufrollten und nach Abfertigung auf dem letzten Hof wieder bei Nummer 1 anfingen. Und dies ging dann so weiter, bis wir die Arbeit vollendet hatten. Die zeitliche Begrenzung möchte ich hier nicht erwähnen, das könnte bei heutiger Beurteilung ein schiefes Bild geben.
Und nun zur Verpflegung selbst. Jeder Bauer war bestrebt, uns mit dem Besten aus Küche und Vorratskammer zu versorgen. Was das für uns bedeutete, brauche ich hier wohl nicht beson-

ders zu erwähnen: Sonntagsessen! Welch ein Luxus für uns zur damaligen Zeit!
„Ärpel mit Nat" (Kartoffeln in Soße), hieß es da in landesüblicher Sprache. Und nun noch kurz ein Tagesablauf auf dem Bauernhof. Morgens wurde das Frühstück meistens für uns beide gerichtet. Das zweite Frühstück nahmen wir dann mit. Mittags stellte sich dann alles, was zum Hof gehörte, ein.
Der Baas saß am Stirnende. Rechts neben ihm die beiden Örgelmakers oder auch Örgelkirls und dann Bäuerin, Knecht, Magd, Kinder und alles, was dazugehörte. Nachdem alle ihren Platz gefunden hatten, ertönte vom Stirnende der Ruf: „Wie wüllt eben still holn." Nun wurden die Hände gefaltet, der Kopf lag in Ruhestellung, und jeder konnte das denken, was er für richtig hielt. Sogar Hund und Katze verschwanden unter den Ofen. Nach etwa einer bis eineinhalb Minuten schob dann der Baas mit seinem Holzschuh über den mit frischem Sand bestreuten Steinfußboden, und das stille Gebet war beendet. Nach dem Essen wieder das übliche Gebet, und dann folgte das Gespräch. Die Umgangssprache war Plattdeutsch im Allgemeinen, und da wir beide auch diese Sprache beherrschten, fühlten wir uns überall gleich zu Hause. Es dauerte gar nicht lange, da waren wir als Alfred und Harry im Dorf bestens bekannt. Hauptthema war natürlich beim ersten Durchgang der Krieg und wie wir den überstanden hatten sowie unser Zuhause. Da unsere Kriegserlebnisse und Familienverhältnisse stark voneinander abwichen, gab es oft einen amüsanten Dialog. Von uns wollte man auch sonst alles wissen: unsere Erlebnisse mit den Zöllnern oder mit den für unsere Verpflegung zuständigen Bauernhöfen, was wir da und dort gegessen haben, und dann wurden wir auch in der Tat schon vorher vor einem ganz bestimmten Bauernhof gewarnt. Und so war es dann auch. Auf diesem uns benannten Hof haben wir dann nur gefrühstückt.

„Hotel Hemken“ war unsere Namensgebung. Wenn schon der Hund die Bratpfanne ausleckte oder die Bäuerin mit einer vor Dreck starrenden Schürze unser Brot servierte und alles nach Kuhstall roch, da verging selbst sonst nicht zimperlichen Orgelbauern der Appetit. Dieses Erlebnis war aber eine Ausnahme, und wir waren froh, dass wir für den Rest des Tages von unserem verehrten Kirchenältesten Swaweling eingeladen wurden. Zum Kaffee gingen wir meistens eben rüber, wenn es nicht zu weit war, oder wir nahmen uns ein Lunchpaket mit. Und abends aßen wir oft viel Milchsuppe. Wie unsere Körper dann auf solche ungewohnten Leckereien reagierten, das war eine andere Sache.

Nachts hatte das dann unser Vergnügen der anderen Art zur Folge. Zuerst muddelte sich Alfred aus Stroh und Decken heraus und verschwand draußen irgendwo in der Kälte. Wenn er sich mühsam wieder reingefummelt hatte und gerade zum Schnarchen ansetzte, dann war ich endlich so wach, dass ich raus musste. Alfred fühlte sich natürlich wieder gestört und brachte dies auch durch nicht gerade nette Worte zum Ausdruck. Am anderen Morgen war alles vergessen.

Unsere Kirche war der Wendepunkt der Zöllner, und so kamen sie bei ihren Kontrollgängen immer herein, um sich aufzuwärmen. Dieser Komfort wurde von den Zöllnern (Kommissen wurden sie hier genannt) dadurch honoriert, dass sie unseren Ofen auch während der Nacht mit heizbarem Nachschub versorgten.

Die Einwohner hier waren natürlich sehr interessiert an ihrer Orgelerneuerung, und so blieb es gar nicht aus, dass wir ständig, allerdings mit Ausnahme der Zöllner, die sich in Ofennähe aufhielten, Besuch auf der Orgelempore hatten. Es war aber nicht nur Neugierde, sondern sie brachten auch schon mal einen reparaturbedürftigen Kessel oder Topf mit. Wir haben

dann nicht nur Pfeifen gelötet, sondern uns auch als Topf- und Pfannenflicker betätigt. Dies sprach sich nun so schnell herum, dass wir so manchen Abend in unserer Werkstatt Reparaturen ausgeführt haben. Es waren nicht nur „Pötte und Pannen", sondern auch Stalllaternen, Ziehharmonikas, und sogar einen sogenannten Volksempfänger haben wir mit etwas Glück wieder zum Leben erweckt. Wir gehörten nun mal zur großen Neuringer Familie und haben das gerne getan.
Da wir zu Hause aber auch Familie hatten, dachten wir zwar nicht an eine Bezahlung, aber ein Ei – meinte Alfred – sollten wir doch für jede Lötstelle kassieren. Gesagt, getan, und ich kann mich noch gut erinnern, als wir zu Ostern nach Hause fuhren. Morgens gegen 4 Uhr tippelten wir beim Mondenschein freudig und guter Dinge von Neuringe durch das Moor nach Großringe zum Bahnhof.
Im Rucksack hatten wir unsere in den letzten Tagen aufgesparten Frühstücks- und Vesperstullen und noch manche Kleinigkeiten, in der Hand hatte jeder ein „Gepäckstück" zu tragen, und zwar als Koffer umgerüstete hölzerne Subbasspfeifen, in denen wohlverpackt die Hühnereier transportiert wurden.
Darauf hinweisen möchte ich noch, dass zusätzlich Eier für die Örgelmakers gesammelt wurden.
Hauptansprechpartner in Neuringe waren neben Cortmann und Swaweling auch Familie Niers und Frau Köhnen.
Die Rückreise erfolgte ab Leer nicht mit dem Bus, sondern mit der Reichsbahn über Oldenburg nach Wilhelmshaven. Den Aufenthalt auf dem Bahnhof in Oldenburg benutzten wir zu einem Besuch der Herrentoilette, wo wir beide uns von Schwarzhändlern eine amerikanische Chesterfield für 8 RM erlaubten, die wir dann auch in vollen Zügen solidarisch genossen.
Zu Hause angekommen, war die Freude dann riesengroß.

Die Arbeiten in Neuringe wurden bald abgeschlossen und die Abnahme und Einweihung ein großer Erfolg. Und dieser Erfolg sprach sich in der Grafschaft so schnell herum, dass wir an vielen Orgeln in der Umgebung - zum Beispiel in Uelsen, Hoogstede, Nordhorn, Schüttorf, Brandlecht - unsere Überholungen und Restaurierungen durchführten.

Das neue Zeitalter

Auch wenn viele alte Orgeln restauriert und mit alten Mitteln und Werkzeugen bearbeitet werden, bleibt die Zeit in den Betrieben nicht stehen. Das Computerzeitalter löst das Altbewährte ab, das elektronische Stimmgerät ersetzt die Stimmgabel. In der Buchhaltung und in der Kalkulation sind Bleistift, Kugelschreiber und andere Utensilien passé. Moderne Personalcomputer stehen auf den Schreibtischen. Eine Sekretärin ist fast überflüssig, den Schreibkram machen die Meister jetzt selbst, bis auf das leidige Aufräumen. Das technische Büro macht da keine Ausnahme. Computer und CAD lösen das alte Zeichenbrett ab. Mit Feuereifer und Elan stürzen sich die Techniker, Meister und der Betriebsleiter in die neue Technik. Papier und Druckertinte treiben den Verbrauch und die Kosten in die Höhe. Vieles landet immer noch im Papierkorb. So einfach war die Umstellung nun doch nicht. Auch hier kommt ein altes Sprichwort wieder zur Geltung: „Gut Ding will Weile haben!“
Wir fertigen eine große Orgel mit 44 Registern, mit mechanischer Traktur und einer elektrisch-mechanischen Doppelregistertraktur. Zur Erleichterung des Registrierens erhält die Traktur einen 64-fachen Setzer.
Computer und die angeschlossene Zeichenmaschine einschließlich Drucker arbeiten pausenlos. Große weiße bedruckte

Papierrollen im Maßstab 1:1 verlassen das technische Büro und kommen in die einzelnen Werkstätten. Vor lauter Papier kann man die Orgelbauer kaum noch sehen. An jeder freien Fläche hängen nun die neuen modernen Zeichnungen.
Der Orgelstuhl ist fertig. Nun werden die vorgefertigten Orgelteile wie Spieltisch, Spiel- und Registermechanik eingebaut. Noch läuft alles ganz normal. Ab und zu erkundigt sich ein Mitarbeiter, ob alles seine Richtigkeit hat. Manches ist auf einmal so fremd, der sichere und eingespielte Handgriff muss nun anders gedacht werden. Die Mitarbeiter schütteln die Köpfe und murmeln etwas Unverständliches. Beim Anschließen der Registertraktur an die Registerschleifen brechen schlagartig Unruhe und Hektik aus. Was ist passiert? Meister und technischer Zeichner eilen zu Hilfe. Sie können an den Zeichnungen keine Fehler erkennen. „Weitermachen, alles in Ordnung!“, so ihr Kommentar. „Nein, nein“, so die Orgelbauer, die an der Mechanik arbeiten, „was hier rechts eingebaut worden ist, muss auf die linke Seite, dann passt es!“ Alles ist verdreht. Diese Orgel ist in C- und Cis-Seite aufgeteilt, also die rechte Seite, von vorne in der Ansicht gesehen, ist Cis, und die linke Seite ist C. Im technischen Büro wird nur eine Seite gezeichnet, die andere Seite spiegelbildlich ausgedruckt. Früher stand auf den Zeichnungen geschrieben: Bitte die andere Seite spiegelbildlich anfertigen! Das hat der Computer sicherlich auch gekonnt – aber wie, mein lieber Herr Meister? Ein falscher Knopfdruck genügte, und auch die Meinung des Meisters, dass alles in Ordnung wäre, hatte fatale Folgen. Die Zeit lief uns davon, und viel Geld hat es auch gekostet. Deshalb war es umso schmerzlicher, dass nicht auf die langjährige Erfahrung der Mitarbeiter gehört wurde und dass sich gleich zu Beginn der Arbeiten die Chefs so „stur“ gestellt hatten. Orgelbaumeister sind auch nur Menschen, die nicht von Fehlern frei sind. Sie sollten auch immer

ein offenes Ohr für die Mitarbeiter haben, denn so kann man viel mehr erreichen.

Die Reise nach Korea

Ein Orgelbericht von Fritz Schild

Eine Reise zwecks Vertragsverhandlungen zum Bau der Orgel in Pucheon vom 5.–13. Oktober 1993, der Bericht:

Dienstag, 5.10.1993

Abfahrt von Wilhelmshaven um 9 Uhr mit dem BMW zum Flughafen Bremen: Ku hatte sich ganz darauf verlassen, dass Heidi und ich nur wenig Gepäck haben würden, sodass wir jeder noch einen seiner zahlreichen Koffer und Tüten mitschleppen durften. Um 11.45 Uhr war dann der Abflug nach Amsterdam und um 14 Uhr der Weiterflug nach Korea. Nach elfstündigem Flug kamen wir mit geschwollenen Beinen um 10 Uhr koreanischer Zeit, acht Stunden Zeitverschiebung eingerechnet, in Seoul an.

Mittwoch, 6.10.1993

Unsere Koffer waren zum Glück mitgekommen. Dennoch gab es ein Problem. Wir hatten eine Schreckschusspistole mitgenommen, um die Akustik bzw. den Nachhall in der Kirche messen zu können. Doch mit der Pistole im Gepäck kam Ku nicht durch die Flughafenkontrolle. Große Aufregung. Im Nu waren wir von der Polizei umgeben. Nach langem Hin und Her

musste er die Pistole dort abgeben und durfte sie erst bei der Ausreise wieder mitnehmen.
Am Flughafen wurden wir von Mr. Kim und Mr. Lee, einer Abordnung der Kirchengemeinde, abgeholt. Eineinhalb Stunden dauerte die Fahrt durch den enormen Verkehr zum Galaxy-Hotel. In aller Eile Kofferauspacken, Frischmachen und Umziehen, dann ab zum Mittagessen mit Mr. Kim und Mr. Lee im koreanischen Restaurant im 9. Stock unseres Hotels, wo es ein typisch koreanisches Essen gab, ein Buffet mit unzähligen scharfen Sachen, fast alles kalt und für uns kaum zu genießen und ohne Messer und Gabel, nur mit Stäbchen oder mit den Fingern. Zum Glück war Ku dabei, der uns zeigte, wie man die meist undefinierbaren Speisen in Salatblätter einrollte, um sie dann aus der Hand nach koreanischer Art schmatzend zu essen.
Als wir das überstanden hatten, fuhren wir todmüde zur Kirche nach Pucheon, wo Pastor Cha um 14 Uhr einen Gottesdienst hielt. Wir bekamen einen ersten Eindruck von dem Raum, der selbst zu dieser Tageszeit mit 1.000 Leuten besetzt war, und waren entsetzt über die schlechte Akustik. Wir mussten nach vorne kommen und wurden unter Applaus vorgestellt. Ich richtete Grußworte an die Gemeinde und bedankte mich für die Einladung, Ku als Dolmetscher an meiner Seite. Nach dem Gottesdienst erfolgte ein kurzer Besuch bei Pastor Cha, dem wir unser Geschenk aus Deutschland überreichten. Dann Rückfahrt zum Hotel mit Mr. Lee und dann endlich alleine. Es war inzwischen 20 Uhr. Während Ku seine Eltern in Seoul besuchte, beendeten wir den 32-Stunden-Tag mit einem Abendessen in unserem Hotel.

Donnerstag, 7.10.1993

Frühstück im Hotel. Zum Glück gab es ein kontinentales Frühstück für Heidi und für mich, ein amerikanisches Breakfast mit Rührei und Schinken. Ku hatte sich schon lange auf sein koreanisches Frühstück gefreut und schlürfte behaglich seine Hühnersuppe.
Nach dem Frühstück brachte uns Mr. Lee, er war unser ständiger Chauffeur und sprach kein Wort Englisch, zur Kirche. Während wir Maße nahmen und die Akustik ausprobierten, waren wir ständig umgeben von mehreren Koreanern, die uns aber weiter nicht störten.
Mittagessen mit Miss Park, der hübschen Sekretärin von Pastor Cha, die mit uns natürlich auch in ein typisch koreanisches Restaurant fuhr, wo es wiederum ein kaltes Buffet gab. Dann zurück zur Kirche zur Besprechung mit der Orgelkommission, wo ich unsere Zeichnung erklärte. Ku und ich zeichneten den Grundriss mit Kreide auf den Boden, damit sich jeder die Größe der Orgel vorstellen konnte. Wir legten unseren Kostenvoranschlag über die Emporenbrüstung vor, die wir auch mitliefern sollten, damit sie zum Stil der Orgel passte.
Um 20 Uhr Rückfahrt dann ins Hotel. Essen im Chinarestaurant, wo es auch nicht viel besser schmeckte, ebenfalls scharf und gewöhnungsbedürftig.

Freitag, 8.10.1993

Nach dem Frühstück wurden wir abgeholt von Mr. Young, der sehr schlecht Englisch sprach, und einem Fahrer, beide wollten uns Seoul zeigen. Mit dem Auto durch Seoul zu fahren ist zwar eindrucksvoll, aber man kommt wegen des enormen Verkehrs und trotz der sechsspurigen Straßen nur im Schritt-Tempo vo-

ran. Unser Fahrer schien das jedoch gewohnt zu sein. Mit asiatischer Gelassenheit, keine Miene verziehend, schob er uns durch das Gewühl, vorne, links und rechts nur wenige Zentimeter Platz, die es eiskalt auszunutzen galt. Nach Stunden erreichten wir endlich das Nationalmuseum und die in der Nähe liegenden historischen Paläste und das Volkskundemuseum, alles sehr interessant, aber für uns auch sehr ermüdend.
Mittags hatten wir Glück, dass in der Nähe kein typisches koreanisches Restaurant zu finden war, sondern nur eine moderne Pizzeria, wo Mr. Young allerdings nicht mit uns hinwollte. Aber wir drängten darauf, um angeblich nicht zu viel Zeit zu verlieren und bekamen auf diese Weise endlich mal etwas für unsere „europäisch-kultivierten" Mägen Passendes zu essen.
Nachmittags waren wir im Olympiastadion, wo 1988 die Olympischen Spiele stattgefunden hatten, und sahen die anderen schönen Sportanlagen ringsherum. Zurück fuhren wir wieder im Stop-and-go-Tempo entlang dem Hangang-River, der quer durch Seoul fließt. Die Zeit wurde knapp, denn Mr. Lee musste zum Gottesdienst, der um 22 Uhr beginnen und bis 1 Uhr nachts dauern sollte. Zum Glück brachte Mr. Lee uns ins Hotel, sodass wir bei dem schönen Wetter noch einen Spaziergang machen konnten. Wir kehrten in ein Restaurant ein, wo wir ganz hervorragend für 16.000 Won (das waren damals ca. 32,– DM) gegessen und getrunken haben. Wir bestellten ein Bier und staunten nicht wenig, als wir einen Glaskrug mit zwei Liter Bier bekamen, das aber zum Glück sehr dünn war und kaum Alkohol enthielt. Eigentlich hätte ich danach ins Bett gewollt, aber ich musste noch Aktennotizen vom Vortage machen und meine Bedingungen für die Zahlungsvereinbarungen zu Papier bringen. So wurde es wieder spät. Ku erledigte an diesem Tage eigene Geschäfte.

Samstag, 9.10.1993

Ku fuhr mit uns per U-Bahn nach Seoul. Überall in den Bahnhöfen und in den Unterführungen ein Geschäft am anderen, jedes Fleckchen war ausgenutzt von fliegenden Händlern, Musikern und Gauklern, dazu Menschen über Menschen. Man sah fast nur junge Leute, modern und chic gekleidet. Während Ku bei einer Zeitung ein Interview gab, waren wir im Palastpark und hörten ein Konzert mit alter koreanischer Musik auf alten Instrumenten, sehr laut und fremdartig, aber eindrucksvoll und völlig anders als die moderne koreanische Musik, die von amerikanischen Schlagern bis zu deutscher Volksmusik reicht.
In unserem Hotel erklangen schon zum Frühstück täglich Lieder wie „Ännchen von Tarau" oder „Sah ein Knab ein Röslein stehen" oder Ähnliches.
Aber noch etwas sehr Außergewöhnliches gab es im Palastpark zu sehen, nämlich jede Menge Brautpaare, die zum Fotografieren dorthin gekommen waren. Ku erzählte uns, dass man die Hochzeitskleider für diesen Fototermin leihen könne, um ein schönes Foto fürs Familienalbum zu bekommen.
Hinterher gingen wir einkaufen im riesigen Lotte-Center, bummelten durch das Einkaufsviertel und dann über den Markt, wo Ku sich mit allen möglichen Sachen preiswert eindeckte, um sie mit nach Deutschland zu nehmen. Riesigen Spaß bereitete ihm der Verzehr einer potenzfördernden rohen Muschel, auf der er - auf Erfolg hoffend - wohl eine Stunde lang herumkaute. Zwischendurch besuchten wir eine Kirche, in der eine Bosch-Orgel stand. Auf dem Vorplatz fand eine Studentendemonstration statt. Wir wussten aber nicht, worum es ging.
Mittags aßen wir in einem Imbiss in einer kleinen Seitenstraße in einem ganz kleinen Raum. Inzwischen hatten wir uns an die koreanische Kost gewöhnt und damit abgefunden, beim Essen

im Schneidersitz auf dem Fußboden zu sitzen. Abends zurück mit der U-Bahn nach Pucheon.

Sonntag, 10.10.1993

Um 9 Uhr war Gottesdienst und wieder volles Haus. Fünf Gottesdienste finden normalerweise jeden Sonntag statt, zu denen rund 10.000 Menschen kommen, die teils mit kircheneigenen Bussen herangekarrt werden. Für uns war das alles wahnsinnig eindrucksvoll, auch der Gottesdienst selbst. Die Musik war entsetzlich laut, alles über Lautsprecher verstärkt, aber die Predigt von Pastor Cha war ein Erlebnis. An ihm ist ein Schauspieler, man kann auch sagen: Magier, verloren gegangen. Er verstand es, die Leute zu Bravorufen hinzureißen, um sie kurz darauf wieder in ein bitterliches Weinen fallen zu lassen. Ich musste daran denken, wie langweilig einem Koreaner wohl unser Gottesdienst in Neuende vorkommen müsste.

Nach dem Gottesdienst wurden wir von Pastor Cha begrüßt. Für den Rest des Tages wurden Heidi und ich von Familie Kim eingeladen. Zunächst gingen wir zu ihrer neuen, 165 m^2 großen Wohnung, auf die sie selbstverständlich sehr stolz waren, denn viele Koreaner wohnen noch als Großfamilie in ärmlichen Verhältnissen. Vorm Betreten der Wohnung zog man die Schuhe aus. Drinnen
war alles sehr modern und chic, aber kaum Möbel und nicht einmal Betten, man schläft auf dem Fußboden.

Nach einem Begrüßungstrunk fuhren wir fast drei Stunden mit dem Auto zu einem Museumsdorf. Dort gab es Volkstänze und Seiltänzer zu sehen und Handwerker, die alte Handwerkskunst zeigten. Dann Mittagessen wieder im Schneidersitz auf dem Tisch, vorher natürlich Schuhe ausziehen. Es gab Hühnchen im Suppentopf, sehr lecker, und viele andere Spezialitäten. Durch

den Besuch des Museumsdorfes bekamen wir einen schönen Eindruck von den Lebensgewohnheiten und Eigenarten des koreanischen Volkes.
Nach der Rückkehr gegen 21 Uhr gab es Abendessen bei Kim. Die ganze Familie war versammelt, Ehepaar Kim, Tochter, Schwester und Schwager mit Baby und die Großmutter. Auch Ku war eingeladen. Es gab wieder das typisch koreanische Buffet, das bis in die Nacht hinein dauerte.

Montag, 11.10.1993

Diesen Tag hatten wir ganz für uns. Die für Montag vorgesehene Besprechung musste auf Dienstag verschoben werden, weil Pastor Cha wegen der beginnenden Missionswoche keine Zeit hatte. Ku blieb im Hotel. Er wollte den von mir formulierten Vertragstext ins Koreanische übersetzen und war sauer über meine harten Bedingungen, für den Fall, dass die Gelder nicht pünktlich eintreffen würden.
Wir fuhren derweil mit dem Bus nach Incheon, um auch etwas von dieser Drei-Millionen-Hafenstadt kennenzulernen. Seoul hat etwa zehn Millionen Einwohner, Pucheon ca. eine Million und Incheon drei Millionen, und alle Städte gehen nahtlos ineinander über. Zunächst waren wir auf dem riesigen Fischmarkt. Solch ein Leben und Treiben hatten wir noch nie zuvor gesehen und auch nicht so viel Dreck und Gestank. Die Fische lagen größtenteils auf der Erde und mittendrin saßen die Händler im Schneidersitz, ihren Proviant verzehrend. Wir hätten hier keinen Bissen herunterbekommen. Aber der Appetit ging uns völlig verloren, als wir sahen, wie vor einem Restaurant Männer eine Suppe aßen, in der fleißig lebende Würmer, ich glaube, es

waren dicke Regenwürmer, herumzappelten. Das war für uns ein Signal, uns anderen Sehenswürdigkeiten der Stadt zuzuwenden.
Vom Olympia Tourist Hotel hatten wir einen herrlichen Blick über den gesamten Hafen von Incheon. Zu Mittag aßen wir koreanische Maultaschen und tranken dazu chinesischen Schnaps, der ganz hervorragend schmeckte. Dann besuchten wir das Denkmal auf dem Berg oberhalb der Stadt, das zur Erinnerung an die 100-jährige Freundschaft mit Amerika vor einigen Jahren gebaut wurde. Bei herrlichem Wetter wanderten wir durch die Stadt und durch die vielen Marktstände, immer gut Acht gebend auf die vielen Löcher im Bürgersteig, auf die 30 cm hohen Bordsteinkanten sowie auf Müll und Abwasserpfützen, denn allzu oft wird alles, was man nicht mehr braucht, dort hingeworfen. Unsere Stadtwerke würden graue Haare bekommen, und erst recht unsere Gewerbeaufsichtsämter, wenn sie sehen würden, unter welchen primitiven Umständen in den kleinen Werkstätten direkt am Straßenrand gearbeitet wird. Eine Exhausteranlage habe ich jedenfalls nicht gesehen.
Abends fuhren wir nach einem erlebnisreichen Tag mit der U-Bahn ins Hotel zurück. Dort wartete Ku schon auf uns, denn der Vertragstext sollte nochmals geändert werden. So wurde es wieder ein langer Tag.

Dienstag, 12.10.1993

Nach dem Frühstück fuhren wir zur Bank nach Pucheon. Dort wartete schon Miss Pork auf uns, um nun die Zahlungsmodalitäten mit der Bank nochmals genau zu besprechen. Der Bank-

angestellte hat sich alles genau notiert, sodass nun nichts mehr schiefgehen konnte.
Hinterher hatten wir Zeit, um über den Markt von Pucheon zu gehen. Heidi und Ku benutzten die Gelegenheit, günstig einzukaufen, sodass wir schwer beladen mit dem Taxi zur Kirche fuhren. In einem kleinen Lokal neben der Kirche aßen wir zu Mittag. Es schmeckte uns besser als das komfortabelste koreanische Buffet.
Nachmittags hatten wir schwer zu tun. Heidi musste den veränderten Text im Büro schreiben. Ku musste alles auf Koreanisch übersetzen und den Text von der Sekretärin schreiben lassen. Große Probleme gab es mit dem deutschen Text, den die Computerschreibmaschine teilweise nicht annehmen wollte. Statt Führer musste Fuehrer geschrieben werden usw. Durch diese Änderung entstanden wieder andere Probleme, sodass die Zeit immer knapper wurde. Schließlich hatten Pastor Cha und seine Frau uns zum Abendessen eingeladen. Es fand in seinem Büro in der Kirche statt, wo Frauen aus der Gemeinde ein ganz tolles Buffet hergerichtet hatten. Zu Gast war auch ein koreanischer Pfarrer, der in Amerika wohnt und fließend Englisch sprach. Er hielt den Abendgottesdienst, sodass Pastor Cha Zeit hatte, die Verträge mit uns zu besprechen. Wir waren nicht wenig überrascht, dass das im gleichen Zimmer am Abendbrottisch geschah, wo zwischen Essensresten und benutzten Servietten kaum Platz war, ein Schriftstück abzulegen. Immerhin bekamen wir alle Unterschriften, die wir haben wollten.
Ganz zum Schluss kam dann noch eine Überraschung: Man habe ganz vergessen, im Vertrag mit aufzunehmen, dass während des Baus der Orgel vier Koreaner nach Wilhelmshaven kommen wollen, um die Arbeit in der Werkstatt zu inspizieren. Das sollte auf unsere Kosten geschehen, quasi als Gegenleistung für die Einladung, der wir durch unseren Besuch gefolgt

waren. Ich habe darauf hingewiesen, dass das nicht im Vertrag stehe noch im Preis enthalten sei. Zum Glück hatte ich schon zuvor Pastor Cha und seine Frau eingeladen, im April/Mai 1994 zu uns kommen, und Ku, das Schlitzohr, bot sich schnell an, die beiden eine Woche lang durch Deutschland zu fahren, natürlich für ihn als bezahlte Arbeitszeit mit einem Firmenwagen von uns. Das ist wohl der Preis für diese scheinbare asiatische Gastfreundschaft.
Als Geschenk bekam Heidi noch einen Schmuckkasten. Dann wurden noch reichlich Abschiedsfotos gemacht, und gegen 22 Uhr landeten wir endlich im Hotel.

Mittwoch, 13.10.1993

Wir hatten Zeit, in Ruhe unsere Koffer zu packen und gemütlich zu frühstücken, ehe Mr. Kim, Mr. Lee und Miss Park ins Hotel kamen, um uns zum Flughafen zu bringen. Ku war froh, dass wir ihm wieder je einen Koffer abnahmen. Für ihn blieben dann immer noch 60 kg Gepäck.
Der Abflug erfolgte pünktlich. Der Service an Bord war wieder wie auf dem Hinflug hervorragend, und wir genossen so richtig das erste europäische Menü nach einer Woche koreanischer Kost. Die Ankunft in Amsterdam war pünktlich um 17.30 Uhr. Dennoch mussten wir mit all dem Gepäck rennen, um unsere Maschine nach Bremen zu bekommen. Nach einer Stunde Flugzeit im KLM City Hopper, der bei dem stürmischen Wetter seinem Namen alle Ehre machte, kamen wir um 20 Uhr wieder glücklich zu Hause in Bremen an.

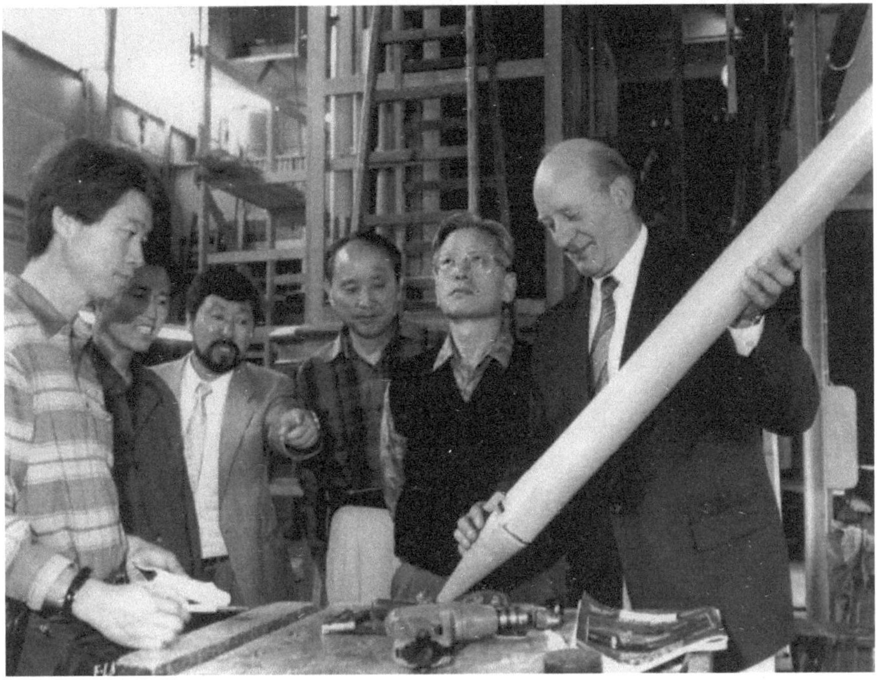

Die koreanischen Kirchenmitglieder zur Besprechung in Wilhelmshaven.

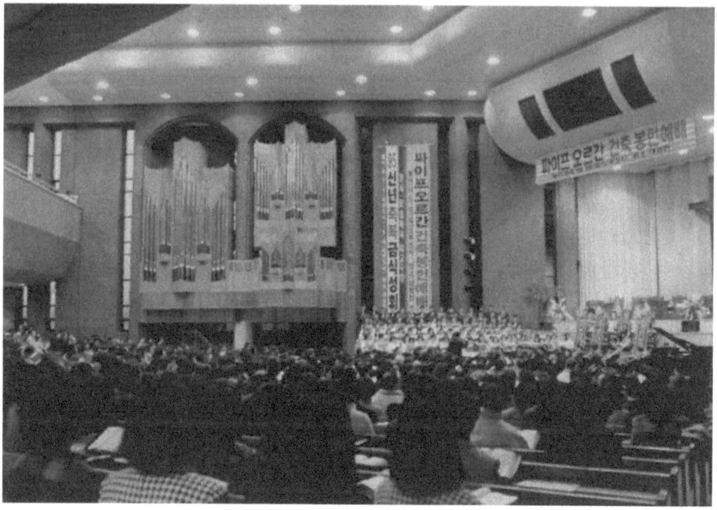

Einweihung der neuen Orgel im Jahre 1994

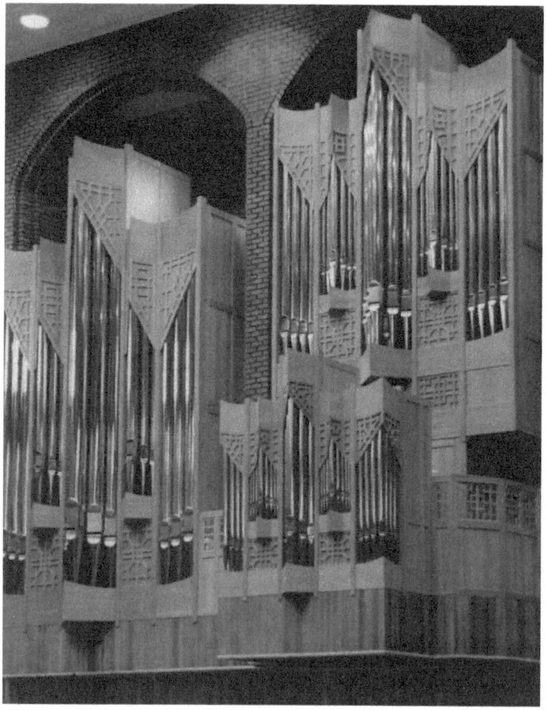

Die neue Orgel.
44 Register verteilt auf Haupt-, Schwellwerk, Rückpositiv und Pedal.
Spieltraktur mechanisch.
Registertraktur mechanisch und elektrisch mit Doppelregistratur und 64-facher Setzerkombination.

Arbeitszeitverkürzung 1993

Man glaubt es kaum,
aber es ist doch wahr,
von 45 Stunden sind nur noch 38 da.
Die 37 sind in Sicht, ab April man von dieser Quote spricht!
Ein Gedicht oder ein Gerücht?

Für Vater Staat ein Riesenproblem,
wo soll er das ganze Geld hernehm'.
Ein Riesenproblem nicht nur für den Staat,
wer soll bezahlen den Salat?

Wenn das so weitergeht,
hab' ich im Sinn,
brauchen wir bald gar nie mehr hin.

Unser Chef stöhnt ja schon jetzt so sehr,
das verstehe ich überhaupt nicht mehr.
Er macht dann die Bude zu, und alle haben ihre Ruh'.

Verehrter Chef, das darf nicht sein,
nun bring' ich meine Idee herein!
Eine neue Maschine für die Idee,
sie wird gesteuert über unseren PC!

Erst gibt man ein die Disposition,
dann läuft die Maschine erst einmal schon.
Seitlich kommt das Holz hinein,
das wird geschnitten, groß oder klein.
Oben, über einen Trichter,
geh'n hinein auch die Orgelgleichrichter.

Gebläse, Klaviaturen,
alle Orgelteile
brauchen nur eine kurze Weile.
Blei und Zinn sind passé,
es gibt ja die CD!
Nun hört man ein Rütteln, Rumpeln und Brausen,
die Teile durch die Maschine sausen.
Und wie ein Wunder,
es wird ganz still,
kommt wie von Zauberhand
ein fertiges Instrument vom Band.
Da steht es nun,
stolz und mächtig,
ruck - zuck,
das ist doch prächtig!

Bei 37 Stunden,
so ist das nun mal,
bleibt kaum noch Platz fürs Personal.
Zum Bedienen haben wir die Leut',
die sind firm,
zum Beispiel unser Dreigestirn!

Dann gibt es nie mehr ein Geschrei,
vorbei ist auch die Sabbelei.
Sie müssen ran, und das geschwind,
der nächste Termin kommt ganz bestimmt.

Sollte einmal die Zeit nicht mehr passen,
werden wir die Maschine schneller laufen lassen.

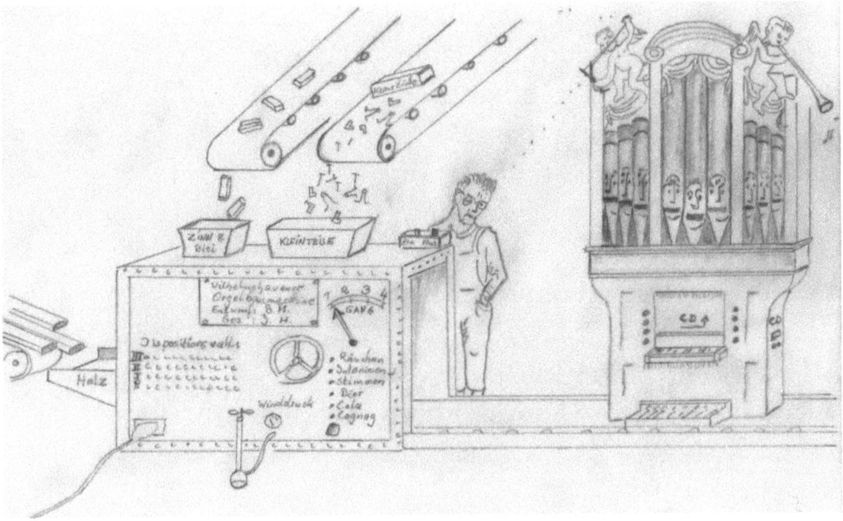

Noch eins,
bevor ich es vergesse, das ist noch das Allerbeste!
Als Zusatz für die Angebote ist zu vermerken,
auch unsere Aufträge noch zu verstärken.

Durch diese CD, Herr Pastor,
sparen sie ein den Organisten und den Chor!

Das Wunderding wird bestaunt in aller Welt,
keine Angst, es das Patent erhält.

Den Besuch wird führen Günter groß
oder Günter klein,
sie werden nur streiten bei den vielen Mädelein.

Weil die Azubis auch schon was wissen,
werden sie die Orgeln aufstellen müssen.

Der Rest der Mannschaft hat nun frei
und kommt nur noch zum Geldabholen vorbei.
Wir sparen Büro und Technik durch PC,
Gehäuse sind schon lang' passé!
Durch CD werden ersetzt die Gehöre,
so brauchen wir auch keine Intonateure.
Das trifft aber nicht zu für die Stimmer,
denn 1.000 Orgeln sind ohne CD – noch immer!

In die Halle kehrt nun Ruhe ein,
kein Gequake wird von Gerd zu hören sein!

Vorne steht der erste Mann,
der auch im Betriebsrat den Ton gibt an.
Der zweite Mann gibt ein das Holz,
was er ja mit großem Stolz
schon lange macht in diesem Haus,
jetzt füllt ihn dieser Posten aus.
Der dritte Mann an dem Trichter steht
und alles durch seine Hände geht.

Damit sie vorher nicht verduften,
denn sie müssen jetzt schön schuften,
stellen wir ein die Rentnergang.
Voran der Fritze – „Flink“,
ich denk',
er wird schon schaukeln dieses Ding!
Auf 300-Euro-Basis ist nicht zu gering!

Die Aufträge holt der Chef noch rein,
die müssen selbstverständlich noch sein!

Den PC bedienen,
wie kann es anders sein,
das macht wie immer sein Schatzilein.
Sie arbeitet ohne Tadel und Fehl,
daraus machen wir keinen Hehl.
Alles unbedingt und sofort,
muss alles sein am rechten Ort!

Die Bestellung, Wochenzettel, Soll und Ist,
alles Drum und Dran,
macht der Jüngste im rechten Flügel -
Jan!

Traumtänzer, Zoni, Kanute oder Zick,
fehlen tut Fiedjen,
da hilft auch kein Trick,
kein Rufen zu hören,
es ist alles ade,
man hört es nie wieder: „F i l e t"!

Zwei sind durch die Maschine nicht zu ersetzen,
MM = chen und Charly noch durch die Buchhaltung wetzen.
Sind sie nicht ausgelastet in allen Zeiten,
so müssen sie schon Weihnachten vorbereiten,
damit jeder Pastor in aller Welt,
pünktlich die Grüße und Wünsche erhält.

Die schöne Zeit - ist das alles vorbei?
Denkt ihr Leut', es ist Narretei!

Wir hatten Fasching im ganzen Land
und dabei diese Idee entstand.

Mein lieber Fritz, ich werd' jetzt gehen,
für eine Million kannst du die Maschine erstehen!
Dann sind meine Sorgen alle vorbei
und mein Posten wird dann auch noch frei!
Diese CD gehört dazu
und vor mir hast du endlich Ruh!

Ein Wort zum Schluss

Nun treffen sie sich alle Jahre wieder, die Rentner der ehemaligen Orgelbaufirma Führer. Sie bringen ihre Partner mit, und in fröhlicher Runde bei Kaffee, Tee und selbstgebackenem Kuchen wird gefachsimpelt. Immer wieder kommen die lustigen Geschichten zur Sprache. Es werden Bilder gezeigt und kleine Kurzgeschichten vorgelesen. Das Lachen, diese Fröhlichkeit aus der vergangenen Berufszeit, lassen diese Zusammenkunft viel zu kurz erscheinen. Manchmal kommt es so vor, als wenn sich das Erzählte erst gestern abgespielt hat. Die berechtigte Frage „Habt ihr überhaupt auch gearbeitet?" beantworten wir mit einem herzhaften Lachen. Es ist selbstverständlich, dass wir unsere Arbeit nie vernachlässigt haben, und zwar dem Sprichwort treu: „Das Geheimnis des Lebens liegt nicht darin, zu tun, was man liebt, sondern zu lieben, was man tut."

Das Schreiben dieser Kurzgeschichten hat viel Spaß und Freude gemacht, genauso wie die Arbeiten an den schönen Orgeln. Im Nachhinein merkt man immer wieder, wie viel Schönes wir erlebt, erreicht und geschaffen haben.

Aber ohne die tatkräftige Hilfe meiner ehemaligen Arbeitskollegen kann man so manches nicht mehr wiederbringen. Darum gilt mein Dank an Gerhard Deckena, Sieger Cirksena, Wolfgang Hartig und Helmut Rosenplänter, die mir geholfen haben, mein Fachwissen wieder aufzufrischen. Einen besonderen Dank an Harry Kolbeckel und Fritz Schild, die mit ihren Aufzeichnungen von besonderen Schwierigkeiten berichtet haben. Nochmals ein Dankeschön an Fritz Schild für sein Vorwort „Orgelbau ist doch was Schönes" und an die evangelisch-altreformierte Kirchengemeinde zu Bunde, die es mir ermöglicht hat, ein paar Detailaufnahmen von der Orgel zu machen.

Quellennachweis:

Jubiläumsbuch: 50 Jahre Orgelbau Führer
Jahreshefte 1933–1999 Orgelbau Führer
Rheiderlands Kirchen
Adelung: Einführung in den Orgelbau

Bildmaterial:

Gerhard Deckena
Sieger Cirksena
Alfred Führer Orgelbau, Privatarchiv
Hans-Günter Pietruschka
Udo Rieckmann
Eigenes Archiv

Titelbild:

Martin ter Haseborg

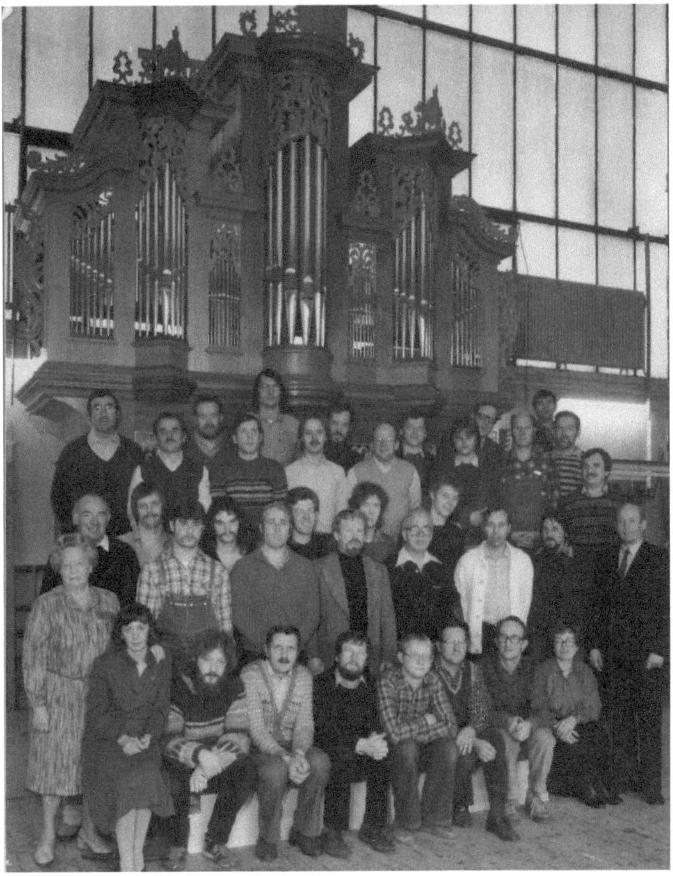

50 Jahre Orgelbau Führer

Die Mitarbeiter im Jahre 1983
vor der neuen Orgel für
die evangelisch-reformierte
Kirche zu Schwalenberg

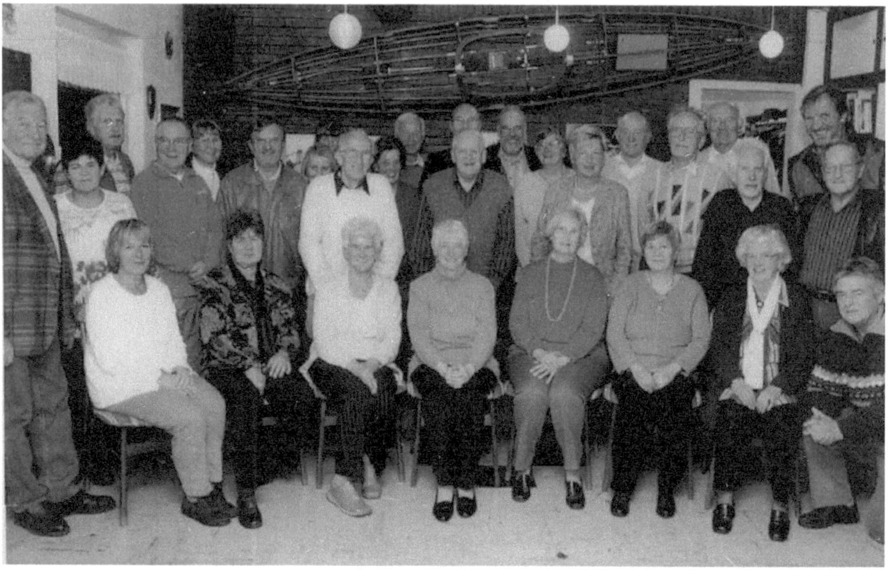

Rentnertreffen 2008

Der Autor:

Bernd Mellenthin (geb. 1942) absolvierte nach Schulabschluss eine dreijährige Ausbildung zum Bau- und Möbeltischler. Nach bestandener Prüfung und drei Gesellenjahren machte er bei der Orgelbauwerkstatt Alfred Führer in Wilhelmshaven eine Umschulung zum Orgelbauer, die er mit dem Gesellenbrief 1967 abschloss.

Es folgten viele Jahre auf Montage zur Aufstellung neuer Orgeln, aber auch Reparaturen und Wartungen gehörten zum Aufgabenbereich. Dabei galt ganz besonders sein Interesse den historischen Orgeln.

Um sein praktisches Wissen zu vervollständigen und sich im kaufmännischen Bereich weiter zu bilden besuchte er die Meisterschule in Hildesheim. Diese schloss er mit dem Meisterbrief im Tischlerhandwerk 1978 erfolgreich ab. Danach war er bis zu seinem Ausscheiden aus dem Orgelbaubetrieb für die Kalkulation zuständig.